| 生活技能 092 |

開始在上海自助旅行

U0005129

自助旅行

作者◎葉志輝

太雅

「遊上海鐵則」

☑ 過馬路，找當地人做擋箭牌！

理由：上海雖然是中國首善之都，交通狀況卻還是不比台灣，往來穿梭不遵守號誌的車輛實在很可怕，那就跟著身邊的當地人一起過吧，讓他做你的掩護，他們有的是經驗！

☑ 別跟上海大媽吵架！

理由：上海人習慣動口不動手，如果有什麼糾紛，總是嘴巴上念個沒完(尤其是中年婦人)，記得不要跟他們回嘴，他們也就自討沒趣了，你一旦回嘴可就吵不完了！

☑ 上海人愛吃醋！

理由：到餐廳用餐，不要看到桌上黑罐就以為是醬油，上海餐廳一般提供的是黑醋，上海人吃東西愛沾醋，醬油反而不常見喔！

☑ 當地本幫菜可別錯過！

理由：來到上海豈能不品嘗道地本幫菜？以湯滷醇厚，濃油赤醬聞名，最最知名的家常菜「紅燒肉」非嘗到不可，記得要加蛋喔！

☑ 先把中國的APP全部裝好！

理由：台灣人習慣的Google系列工具，一到中國就統統失效！像是Google地圖、Gmail、Android Market等等幾乎都不能用，所以一定要在出發前先安裝好相關的應變APP。推薦必裝的有：百度地圖、大眾點評、上海地鐵官方APP等。

☑ 搭地鐵，包包背前面！

理由：上海治安良好，但是小偷小盜防不勝防，記得在人潮擁擠處(特別是地鐵)，一定要把包包背到前面來，以防止偷包事件發生。

☑ 善用旅遊諮詢服務中心資訊！

理由：上海各旅遊區設有「旅遊諮詢服務中心」，記得進去索取各式免費資料，從逛街、故居、美食等，應有盡有，方便你規畫上海行程。

☑ 旅館不提供一次性用品！

理由：響應環保，上海目前不但實施嚴格的垃圾分類，同時酒店不再提供牙刷、梳子、沐浴海綿、刮鬍刀、美甲工具和鞋套等拋棄式用品，所以前往上海蘇杭住宿記得自備牙膏牙刷唷！

☑ 利用漫遊才能順利連上臉書！

理由：中國實施網路管制，像是台灣人最愛的Facebook、Youtube、痞客邦、LINE等等在中國都無法連上。如果想要在旅行上海期間上這些網站，最方便的辦法就是出發前先申請台灣電信商的漫遊服務，透過漫遊上網不受此限。

☑ 一卡在手行遍上海！

理由：上海的交通卡不但可以搭乘地鐵，還可以坐公交車、計程車、渡輪，轉乘還有折扣絕對是背包客最方便的選擇喔！

臺灣太雅出版
編輯室提醒

太雅旅遊書提供地圖讓旅行更便利

地圖採兩種形式：紙本地圖或電子地圖，若是提供紙本地圖，會直接繪製在書上，並無另附電子地圖；若採用電子地圖，則將書中介紹的景點、店家、餐廳、飯店，標示於 Google Map，並提供地圖 QR code 供讀者快速掃描、確認位置，還可結合手機上路線規畫、導航功能，安心前往目的地。

提醒您，若使用本書提供的電子地圖，出發前請先下載成離線地圖，或事先印出，避免旅途中發生網路不穩定或無網路狀態。

出發前，請記得利用書上提供的通訊方式再一次確認

每一個城市都是有生命的，會隨著時間不斷成長，「改變」於是成為不可避免的常態，雖然本書的作者與編輯已經盡力，讓書中呈現最新的資訊，但是，仍請讀者利用作者提供的通訊方式，再次確認相關訊息。因應流行性傳染病疫情，商家可能歇業或調整營業時間，出發前請先行確認。

資訊不代表對服務品質的背書

本書作者所提供的飯店、餐廳、商店等等資訊，是作者個人經歷或採訪獲得的資訊，本書作者盡力介紹有特色與價值的旅遊資訊，但是過去有讀者因為店家或機構服務態度不佳，而產生對作者的誤解。敝社申明，「服務」是一種「人為」，作者無法為所有服務生或任何機構的

職員背書他們的品行，甚或是費用與服務內容也會隨時間調動，所以，因時因地因人，可能會與作者的體會不同，這也是旅行的特質。

新版與舊版

太雅旅遊書中銷售穩定的書籍，會不斷修訂再版，修訂時，還區隔紙本與網路資訊的特性，在知識性、消費性、實用性、體驗性做不同比例的調整，太雅編輯部會不斷更新我們的策略，並在此園地說明。您也可以追蹤太雅 IG 跟上我們改變的腳步。

 taiya.travel.club

票價震盪現象

越受歡迎的觀光城市，參觀門票和交通票券的價格，越容易調漲，特別 Covid-19 疫情後全球通膨影響，若出現跟書中的價格有落差，請以平常心接受。

謝謝眾多讀者的來信

過去太雅旅遊書，透過非常多讀者的來信，得知更多的資訊，甚至幫忙修訂，非常感謝大家的熱心與愛好旅遊的熱情。歡迎讀者將所知道的變動訊息，善用我們的「線上回函」或直接寄到 taiya@morningstar.com.tw，讓華文旅遊者在世界成為彼此的幫助。

每個轉角都充滿驚喜、每一刻都有新變化的迷人上海

由「上海幫」幫主帶路，累積旅居十多年的經驗，讓你領略上海的真正樣貌。

當初因緣際會的，因朋友創業需要而來到這裡，卻沒想到越待越有味道，越發掘越感到韻味，終至深陷其中無法自拔。這個城市有著一種特殊的魔力，無怪乎近百年來能夠以東方明珠的姿態，持續吸引全世界來自不同國家、種族的人落戶長駐。

在每一個閒暇時刻背上相機，不疾不徐地漫步在充滿租界風情的馬路上，讓滿城的梧桐樹飄落詩意，讓昔日風華借陽光上身，幻想身著中山裝，故附風雅地推推眼鏡，一副徐志摩作派。

轉個角，在昔日霞飛路的淮海路高樓大廈中穿梭，出入世界頂級品牌的旗艦店面，一身西裝腳步匆匆，這個城市的律動突然快了起來，上海的律動早已與世界接軌，你必須比別人勤奮！

這就是上海。靜得讓你宛如身處30年代、動得讓你惶恐掉隊急促奔馳。

這個城市的多樣性，正適合典型雙子座的我，每一刻她都有新變化，每一刻都能為你帶來驚喜。現在，我把這些驚奇驚喜濃縮幻化為文字，獻給即將來到上海的你，希望你也能融入這個迷人的大城市，感受到它的上下通貫百年特殊城市氛圍。

Shanghai · 上海

關於作者

葉志輝

　　旅居上海十幾年，徹底地將上海大街小巷走透透，熟稔許多連上海人都不知道的祕密景點與典故。

　　常年將自身多年旅遊的經驗與在地的私藏路線公開於Blog上，吸引了上海地鐵局主動頒發「上海地鐵旅遊資訊達人證書」，並協助推廣上海旅遊，基於對旅遊的熱愛以及希望幫助更多來到上海旅遊的讀者，還成立了「上海幫」臉書粉絲團，隨時更新最新的上海旅遊訊息。

　　出版作品有《搭地鐵玩遍上海》、《搭地鐵玩遍曼谷》、《開始在上海自助旅行》等書籍。

作者部落格：www.davidwin.net (大衛營)

上海幫臉書：www.facebook.com/TravelinSH

圖片提供／和平飯店

目 錄

14

認識上海

20

行前準備

36

機場交通篇

46

住宿篇

54

飲食篇

64

購物篇

70

玩樂篇

圖片提供／上海環球金融中心

130

蘇州・杭州

上海必去熱點 TOP 10

不論是去任何一個國家或城市旅行，幾乎不可能玩到完全透澈，幫主爲你選出10個上海必去的景點，把它們收集齊全了，你的上海之旅才算是「來過」。當然，後面還會有更多詳盡深入的特色走法供大家參考。

TOP 1 外灘（萬國建築博覽）

➡ 地鐵2、10號線南京東路站，出站後往東步行10分鐘

能夠排名上海必去景點冠軍的非外灘莫屬！外灘位於中山東一路上，面對黃浦江，遠眺對岸國際金融重鎮的陸家嘴，一整排昔日上海租界時代留下的各國風格特色建築，巴洛克、羅馬、新古典、哥德式、東印度式、文藝復興等各顯風華，被譽爲「萬國建築博覽」而聞名世界。

圖片提供／和平飯店

TOP 2 豫園

➡ 地鐵2、14號線豫園站1號出口

「豫園」被稱爲全上海最中國的地方，整個豫園景區包括了豫園、九曲橋、老城隍廟、方浜中路老街。豫園是明代宅府，花園奇石、雕梁畫棟，處處充滿著江南園林特色，其中還包括了清末小刀會起義的點春堂、江南三大奇石之一玉玲瓏等等。

TOP 3 陸家嘴四大高樓秀

➡ 地鐵2、14號線陸家嘴站

陸家嘴位於黃浦江東岸，是上海金融中心。四大高樓：東方明珠塔、環球金融中心、金茂大廈、上海中心大廈佇立於此，高聳入雲的四大高樓都提供高樓觀光的服務，站在離地百米以上的景觀層居高臨下，可以將整個上海盡入眼簾。

TOP 5 上海迪士尼

➡ 地鐵11號線迪士尼站1號出口

有七大主題園區：米奇大街、奇想花園、探險島、寶藏灣、明日世界、夢幻世界、玩具總動員。除了熱鬧的人物秀、花車遊行，以及許多遊樂設施之外，晚上還有煙火秀演出，不論如何也要在園區待到晚上才行！

TOP 4 南京路步行街

➡ 地鐵2、10號線南京東路站1、3、4號出口

南京路步行街無疑是最能體現上海十里洋場感覺的一條馬路，擁有百年以上歷史，30年代四大公司（先施、永安、新新、大新）開啟了這條商業街的繁華。在這裡不但能夠感受到昔日上海的風華，更能體驗到各國新潮品牌為上海注入的新活力！

TOP 6 田子坊

➡ 地鐵9號線打浦橋站1號出口

上海的田子坊是遊客最愛前往的新興藝術市集，這裡有著上海老式里弄的民居建築，並注入了藝術與創意的新生命力。創意店家、特色餐飲、異國料理都能在此體驗，上海老式弄堂的風韻猶存，一磚一瓦、石庫大門、電線縱橫，拿出你的探險精神，去發掘躲在角落裡有意思的地方吧！

TOP 7 徐家匯天主堂

➡️ 地鐵1、9、11號線徐家匯站3號出口

徐家匯是上海重要的地點，因爲明代科學家徐光啓家族匯聚而得名，來到這裡一定要去的地標景點就是被譽爲「遠東第一大教堂」的「徐家匯天主堂」。莊嚴的哥德式外觀與浪漫元素，已經是上海新人拍攝婚紗的必選景點之一。旁邊的徐家匯書院，由建築大師設計，也值得一看！

TOP 9 中華藝術宮

➡️ 地鐵8號線中華藝術宮站3號出口

世博會時最受歡迎的「中國館」，搖身一變，以「中華藝術宮」的名稱作爲藝術展出的平台，正式對外開放！這裡的展示空間高達6.4萬平方公尺，共有27個展廳，館藏1.4萬件。光是要瀏覽展示內容需要走4公里多，逛一圈就要超過5小時！

TOP 8 新天地

➡️ 地鐵2、14號線一大會址·新天地站；黃陂南路站2號出口

新天地融合了上海石庫門建築特色與現代特色商店，中外遊客穿梭其間體驗著與國際接軌的時尚、休閒、餐飲、購物樂趣。入夜之後，眾多的外籍遊客讓新天地彷彿是歐洲的街頭，坐在戶外來杯啤酒眞是人生一大樂事！

TOP 10 武康路

➡️ 地鐵10、11號線交通大學站7號出口

武康路近年異軍突起，榮登最佳散步馬路第一名！主要的原因除了本來就有的法租界風情、大量的老洋房故居，以及兩側梧桐樹組成的綠色隧道（秋天會有滿地黃落葉，更美！）之外，還有多家網紅店在此設點！這條馬路的浪漫氛圍，絕對值得來好好地漫步一下！

上海
風情6大印象
IMAGE
6

上海除了知名的觀光景點之外，還有許多不同的玩法，這裡介紹一些主題式的玩法，可以使你的上海之旅更豐富，增加知性之美。

1 IMAGE　百年建築巡禮

　　上海作為最早的通商口岸之一，受西方文化的影響很大，加上歷經了租界列強的共治，在建築風格上呈現了絕對的多樣性，許多建築設計系的學生都喜歡到上海來，不僅感受百年建築之美，也體會上海老式里弄、石庫門、花園洋房的特色。

　　看遍了上海外灘的萬國建築博覽，感受完大時代建築群的爭奇鬥豔，我還要告訴遊客，分散在上海市區各處，還有許多經典建築，而這些特色建築的背後，都有一個共同的名字：鄔達克。

豆知識　建築大師——鄔達克

　　他是來自斯洛伐克的建築大師(國籍為匈牙利籍，Ladislaus Edward Hudec，1893～1958年)，出自建築世家，畢業於布達佩斯皇家學院，後成為匈牙利皇家建築學會會員。年輕時的他以軍官身分加入奧匈帝國軍隊，戰爭中被俄羅斯軍隊俘虜，送到西伯利亞集中營，25歲時流亡上海。

　　鄔達克在上海期間，由設計助手開始，最終擁有自己的設計事務所，在上海他經手設計的建築有超過60幢之多，其中3分之1目前都名列上海優秀近代建築中，這裡列舉一些經典作品，來到上海時不妨找找它們的蹤跡吧！

建築大師
鄔達克
1893～1958年

1924
諾曼底公寓
淮海中路1858號

1927
愛司公寓
瑞金一路150號

1929
沐恩堂
西藏中路316號

1930
眞光大樓
圓明園路209號

1933
大光明電影院
南京西路216號

1934
國際飯店
南京西路170號

1938
綠屋
銅仁路333號

2 走進上海的時光隧道
IMAGE

上海的道路兩側，幾乎無一例外地種植了梧桐樹，春夏季節時那綠葉成蔭形成了天然的綠色隧道，減緩了暑氣、增添了詩意。挑選一條有情調的馬路，放下所有的煩惱，心情放空漫無目的地走著，途經老洋房時揣摩主人當年的意氣風發，鑽進老弄堂瞧瞧上海人的生活，故作文青般地幻想自己化身徐志摩與張愛玲，漫步在30年代的上海街頭，享受時空穿越的樂趣。

4 體驗創意與藝術氛圍
IMAGE

上海不僅僅在經濟發展上為中國之翹楚，在文化創意方面的推進也不遑多讓，眾多的老建築與老廠房配合政策改造成創意園區，注入了藝術的新生命，非常值得前來感受，這感覺就像台灣松菸文創園地一樣。

知名的有老石庫門改建的新天地、田子坊、老紡織廠房改建的莫干山路50號、舊屠宰場改建的1933老場坊等等。

3 最經典的美食饗宴
IMAGE

如果你是美食饕客，每次的旅行都把主要預算花在大飽口腹之欲，那麼恭喜你了！上海因其城市經濟發展地位，對內有來自中國各地，對外有來自全世界的工作、旅遊人口，也因此造就了容納百川的美食匯聚盛況！

包括道地傳統小吃、中國各地方美食、各國菜系、米其林主廚餐廳等，在特色的外灘建築或是經典老洋房內，有多家馳名餐廳進駐，你可以在上海體驗一回經典美食饗宴之旅。

5 IMAGE 享受各種層級的購物趣

對於想要購物的遊客來說，上海同樣可以滿足你！世界頂級精品旗艦店、大型百貨商城、各潮牌小店統統有。在淮海路上找世界品牌精品，在長樂路、新樂路找創意潮牌，在茂名路訂製旗袍，到輕紡市場訂做西裝，各種層次的購物樂趣，豈能錯過？此外，還有你熟悉的品牌旗艦店，不論是Uniqlo、無印良品、niko and...等，占地廣大且貨色齊全，讓你買到行李裝滿滿！

6 IMAGE 世界級賽事，體育迷最愛

上海每年都會舉辦許多世界最高等級的賽事活動，4月的世界一級方程式賽車上海站、上海國際馬拉松、ATP網球大師世界巡迴賽等等，對於熱愛體育運動的遊客來說，豈能錯過與世界級體育菁英近距離接觸，觀賞高張力的賽事內容！

圖片提供／上海環球金融中心

認識上海
About Shanghai

上海，是個什麼樣的城市？

從台灣直航到上海只要1.5小時，這個被喻為「東方明珠」的城市，歷經百年興衰，卻始終沒有使其褪色；如今它再次展現風華，以最國際化的格局與視野吸引著來自全世界的目光、資金、人才、遊客。如果你沒來過上海，你將錯過上海百年歷史興替留下的美麗與哀愁！

上海速覽

中國四大直轄市之一

上海簡稱「滬」或是「申」，是中國第一大城市，更是經濟、科技、工業、金融、貿易、航運中心。屬中國四大直轄市之一，面積約6,400平方公里，常住人口數量高達2,400萬人，比整個台灣人口總和還要多。由於口岸開放得早，加上地理位置卓越，早在租界時期就被譽為東方明珠，商業發展興盛，往來的外籍人士多，是中國最具世界觀的城市之一。

上海小檔案 01

歷史 | 楚國春申君的封地

上海的歷史有2千多年。春秋戰國時代，楚國春申君的封地正是目前上海這個區域，因此上海別稱為「申」，而「滬」的來源則與居民的捕魚工具有關，最早可推衍到晉朝，松江（今蘇州河）沿岸居民多以捕魚為業，所製作的捕魚工具稱為「扈」，其後才漸漸演變成今日稱的「滬」。元代之前，上海就是沿海港口與商貿鎮。到了宋代設「華亭縣」，元代則設「上海縣」。

▲ 明代的上海

上海小檔案 02

地理 | 位於長江入海口處

上海地處中國海岸線最中央的位置，恰恰是亞洲第一大河長江的入海口處，與江蘇、浙江相鄰，屬平原地形，市區內無山，最近的山在上海西側的佘山，高僅有90公尺。此外，上海又以黃浦江為界，以西稱為浦西，以東稱為浦東。

▲ 1930年代的上海

認識上海

上海小檔案 03

語言 | 以普通話爲主

　　上海以普通話爲主,當地民眾習慣使用上海話,也稱「滬語」。

上海小檔案 04

電壓 | 220伏特

　　中國的電壓是220V,與台灣不同(110V),所以千萬要注意所攜電器是否有支持國際電壓,以免燒壞。同樣的,如果想在中國購買電器用品也務必確認電壓,免得帶回台灣才發現不能使用喔!

▶請注意!中國的插頭插座有多種類型

上海小檔案 05

氣候 | 四季分明,溫和舒適

　　上海地處於亞熱帶季風型氣候區,氣候溫和舒適,年均溫在16度左右。春秋兩季較短,夏秋氣候明顯,夏季受到城市高樓與熱輻射的影響,市區內最高溫可達40度,冬季平均氣溫在5度上下,偶有下雪。

上海小檔案 06

貨幣 | 匯率1:4.2～5

　　中國的官方貨幣爲人民幣,符號爲¥,一般簡寫爲「RMB」。人民幣的幣種目前主要有4種紙幣:分別是100元、50元、20元、10元。3種硬幣:1元、5角、1角。人民幣匯率約:1元人民幣可兌換4.2～5.0元新台幣。

幫主的貼心提醒 | 請事先在台灣兌換人民幣

　　除了機場之外,使用新台幣在上海直接兌換人民幣一定要到指定銀行,相當不方便,因此請盡可能在台灣或機場就先換好喔!

上海	1月	2月	3月	4月	5月	6月	7月	8月	9月	10月	11月	12月
平均最高溫	8℃	9℃	13℃	19℃	24℃	27℃	32℃	32℃	28℃	23℃	17℃	11℃
平均最低溫	1℃	2℃	5℃	11℃	16℃	21℃	25℃	25℃	21℃	15℃	9℃	3℃

上海小檔案 07

交通 | 運輸網絡四通八達

　　上海現有2座國際機場，位於浦東的浦東國際機場、位於浦西的虹橋國際機場。

■ **3個主要火車站**：上海火車站、虹橋火車站、上海南站，每天前往全中國各地的列車數量相當多。

■ **1條磁懸浮**：全世界第一個投入商業運營的磁懸浮，時速可達430公里，連接浦東機場到龍陽路站。

■ **19條地鐵線路**：上海地鐵遍布整個上海市區，是最方便的交通工具，目前仍在持續建設中，幾乎以每年1～2條的速度在開通。

■ **公共汽車**：超過1,000條線路，四通八達遍布全上海。

■ **計程車**：當地稱計程車為「出租車」，起步價為￥14元。

▲ 磁懸浮列車已經成了遊客必試的交通工具

▲ 上海的計程車

上海小檔案 08

治安 | 需特別留意扒手

　　上海是一個國際級的大都會，治安相當良好，無須過度擔心。但是要特別注意的是扒手，凡是出入地鐵、人潮眾多的景點，一定要注意隨身貴重物品！

上海旅遊防竊提醒

■ **背包背前面**：在地鐵內務必將背包反背到前面來，以免被扒手從後方拉開行竊。

■ **錢財不露白**：手機錢包一定不要放在外套口袋，容易遭竊。

上海小檔案 09

無現金社會 | 手機搞定，沒人帶現金

　　中國目前已經全面電子化，日常生活中的所有事情，不論搭地鐵、買火車票、吃飯點單、購物消費、共享單車、景點預約、購票統統都在手機上就可以搞定！大多數當地人已經很久沒有用現金交易了，所以旅客一定要先完成支付寶、微信的支付設定，旅程才能更順利。

▲ 許多餐廳不提供菜單，一律桌角掃QR Code點單

行家祕技 支付寶、微信安裝教學

　　前往上海旅遊，雖然還是可以使用現金，但是你會發現很多店家遇到大面額就找不開，所以最好先安裝具有電子支付功能的支付寶和微信APP。正常情況下，若要在中國順暢地使用支付工具，必須先有中國門號，再開設中國銀行帳戶，才能順利綁定支付工具。不過現在台灣遊客也能憑台灣門號＋台灣信用卡使用支付寶和微信了，方便不少。

　　下載後，完成手機與實名認證(需使用台胞證)，並添加銀行卡(信用卡)，遊客就可以在中國以支付寶、微信來付款，並直接以台灣信用卡扣款。消費￥200以下免手續費，￥200以上需付3%手續費；單一帳戶單筆的限額是￥3,000，月累積上限￥50,000，年累積上限￥60,000。由於註冊、使用的細節較多，請掃QR Code閱讀幫主完整教學。

▲ 支付寶註冊使用教學

▲ 微信註冊使用教學

▲ 知名景點勢必伴隨大量人潮，請有心理準備

上海小檔案 10

生活習慣 ｜入境隨俗，別影響旅遊心情

　　不論到任何國家，都會因為文化、環境、國情而產生不同的生活習慣，既然來到上海，當然也有一些與台灣不同的各類情形，以下幫主整理了一些最常被台灣遊客提及的問題，好讓你先有心理準備！

貼身距離

　　有些遊客反應過：「為什麼在中國，不論是排隊或是擠地鐵時，人們都不保持一點距離？」確實，很多台灣人都不太習慣排隊時，與其他人靠得這麼近，甚至身體都接觸到了。但其實每個國家民族對於貼身距離都有不同的標準，例如像是在印度排隊根本就是人與人「黏」在一起！所以請理解中國對於距離的尺度，這是習慣，而不是惡意喔。

排隊插隊

　　在台灣許多媒體都喜歡報導中國插隊的不文明現象，其實上海的排隊文化已經逐漸形成普遍習慣，情況並沒有像媒體描述得那麼誇張。但如果真的遇到了，建議你當成一種奇景來看待就好，也無須去爭執，這樣才不會影響旅遊的好心情。

大聲說話

　　中國人有時候還是比較習慣大聲說話，所以有時候在公眾場合或是地鐵車廂內，都會發現大聲聊天、講手機的人，彷彿一定要讓旁人都知道自己的家務事一般。此外，上海當地民眾還是習慣說上海話，遇到時可以婉轉地表達聽不懂上海話，他們就會自動切換回普通話囉！

行前準備
Preparation

出發前，要預做哪些準備？

不論前往任何一個城市旅行，出發前都應該做好所有準備，才能在旅遊期間無後顧之憂，開心地享受旅行的樂趣，本篇將詳述上海之行出發前的各項準備動作，讓你輕鬆搞定一切！

行前準備流程表

Step by Step規畫行程沒煩惱

	詳見	待辦	已辦
Step 1：蒐集旅遊情報	**詳見**	**待辦**	**已辦**
關於上海的相關旅遊資訊，可以在網路上蒐集到一些心得攻略，同時提前挑選好旅遊書籍。此外目前旅居上海的台灣人非常多，跟他們打聽資訊也是好方法！	P.23		
Step 2：規畫行程	**詳見**	**待辦**	**已辦**
記得先確認自身行程的天數，參考旅遊情報決定本次旅遊主題，同時標出必去的景點，最後利用交通資訊規畫行程與預算！	P.24		
Step 3：證件與簽證申請	**詳見**	**待辦**	**已辦**
首次出國的人記得先把護照辦好，前往中國地區則需要辦理台胞證。要記得預留護照與台胞證處理的時間。	P.26		
Step 4：預訂機票	**詳見**	**待辦**	**已辦**
現在網上訂機票非常方便，班機起落時間、價格都列表可查，要注意部分特價機票的規定。**注意：**台北與上海都有兩個機場，要注意是哪一個機場起降喔。	P.28		
Step 5：旅館預訂	**詳見**	**待辦**	**已辦**
上海的旅館非常多，各類等級都有，當然還是要先訂好房間，才能安心出發。選擇時要配合自身的預算、交通便利性、旅遊路線安排。	P.48		
Step 6：旅費預算	**詳見**	**待辦**	**已辦**
機票與住宿一般都是下訂時就已經付款，接下來要規畫的是到達上海後需要準備的旅行費用，主要在交通、門票、三餐、紀念品為主。	P.30		
Step 7：打包行李	**詳見**	**待辦**	**已辦**
上海冬季與夏季的溫差很大，連帶影響的是衣物所占用的行李空間。此外，記得預留一定的空間放置紀念品喔。	P.34		
Step 8：氣候資訊	**詳見**	**待辦**	**已辦**
一切就緒之後就等著奔向盡興的行程吧，此時記得關注到達目的地期間的氣候預報，針對氣候調整部分戶外行程。	P.35		

蒐集旅遊情報

情報齊全才不會多走冤枉路

出國旅遊前，要先做好相關的功課，才能充分地安排好旅行內容，讓行程更順也能省下更多的時間，完全不浪費時間摸索。

旅遊資訊網站
Travel Information

上海可以說是國人旅遊中國的第一站，但是網路上專門針對上海旅遊介紹的繁體網站卻幾乎沒有，反倒是有許多不錯的簡體網站，以下特別幫讀者整理了幾個可以用來收集上海旅遊情報的實用網站。

大衛營｜幫主出巡環遊世界

台灣最專業的上海旅遊資訊Blog，也是作者本人親自經營的，累積超過10年，資訊內容豐富，站長目前也是上海地鐵局唯一官方認證的旅遊資訊達人。

http www.davidwin.net

同步推薦「上海幫」臉書粉絲專頁，即時更新上海正在發生的活動、賽事、優惠等資訊。

http www.facebook.com/TravelinSH

f 上海幫─壯遊中國

上海幫｜景點門票優惠

上海的景點、活動很多，像是迪士尼、上海中心大廈、黃浦江遊船等等，都是遊客必去體驗的內容，現場購票所費不貲，訣竅就是提前線上預訂，這裡幫大家都整理好了！

http www.davidwin.net/?p=39866

馬蜂窩(簡體)

中國知名的旅行攻略分享網站，來自網友的大量分享內容，可作為你的行程安排參考，另有問答功能可以詢問當地達人，求得在地的資訊。

http www.mafengwo.cn

小紅書APP

小紅書是目前中國最夯的社群分享APP，集結了大量最新的網民分享內容，安裝後搜尋「上海旅遊」，你會發現超多最新攻略、美食介紹、特色景點等，是在地人角度的即時資訊喔！

▲ 大量網友提供的旅遊資訊

行程規畫

決定前往的季節，安排旅遊天數

什麼時候去最合適
Travel Plan

　　上海這個城市可以稱得上四季皆宜；春夏的上海，整個城市裡的梧桐樹佇立在道路兩側，茂密的樹葉形成了天然的綠色屏障，帶走些城市的炎熱，整個城市生氣勃勃。秋天的上海，街頭枝葉轉黃飄落，踏在落葉上前行會有一番蕭瑟的美感。冬季的上海偶爾會下雪，如果正巧碰上，可以感受白色上海的特殊景致。

　　上海不僅僅是全世界的遊客眾多，中國境內旅遊的遊客也絡繹不絕，因此，在這裡也提醒大家避開中國的長假期間，特別是每年的五一長假（5/1～5/3）、十一長假（10/1～10/7），那可是很震撼的畫面，完全是看人不看景，住宿也一房難求；此外，過年前後由於數十萬台商要返台過年，機票每年都很吃緊，票價可以暴漲3～4倍，這段期間也避免安排上海行程。

月分	地雷時段	特色活動	節慶
1月		百貨公司折扣季	
2月	過年往返高峰	龍華寺撞鐘、豫園花燈	
3月			櫻花節(顧村公園)、桃花節(南匯)、油菜花節(奉賢)
4月		F1一級方程式賽車(註1)	
5月	五一長假：5/1～5/3		
6月			
7月			
8月			
9月		上海雙年展(註4) 上海旅遊節(註2)	大閘蟹季節：9～11月
10月	十一長假：10/1～10/7	ATP網球大師賽(註3)	
11月			落葉季(街道不掃落葉，超美)：11～12月
12月		聖誕節與跨年晚會活動	

註：1.F1一級方程式賽車上海站：大約每年4月的第二個週末
　　2.上海旅遊節：每年9月中的週六開始，到10月上旬
3.ATP網球大師賽：四大滿貫賽事以外最高級別賽事，每年10月上海站
4.上海雙年展：每兩年舉辦一次，偶數年分的9～11月開展

需要多少天

Travel Plan

旅遊的天數安排往往牽涉到假期的長短、預算的多寡、行程的深度等等。接下來會針對不同的旅遊天數，提供行程安排的建議。

4～5天：遊遍知名景點剛剛好

一般上班族能夠請假出遊大概也都是這樣的天數，4～5天的行程足夠把上海重要知名的景點都遊玩一遍，同時這樣的天數安排也比較容易跟旅行社買到團體票機位，可以有效地節省預算。

第一次到上海旅遊的遊客可以參考「上海必去熱點TOP10」（詳見P.8），特地為讀者選出了上海旅遊必去的10個景點，第一次來上海一定要去體驗喔！

5～7天：納入江南水鄉行程

時間比較寬裕的遊客，除了指定必去的景點外，可以參考納入上海周邊的水鄉城鎮（P.104、106），你將對於上海這個城市有更不同的體驗。

建議安排1～2天選擇一個江南水鄉去體驗不同的風情，江南六大水鄉距離上海都不遠，小橋流水的東方威尼斯景致，絕對可以讓本次上海行程的附加價值更高。

▲ 利用四通八達的高鐵，快速前往周邊城市

7天以上：一次賞玩周邊城市

如果有超過7天以上的假期，那麼強烈建議把上海周邊城市也一併納入行程內，從上海搭乘高鐵到南京、蘇州、杭州都只要1個多小時即達，相當方便。其中特別推薦的是杭州西湖（P.145），租台腳踏車，把西湖十景好好地參觀一遍，並在西湖留宿一晚。

此外，蘇州（P.132）的園林之美也是備受推崇，知名景點有拙政園、虎丘、觀前街等。南京則有雨花台、中山陵、夫子廟、湯山溫泉等景點。時間寬裕的遊客在規畫上海行程時，可以上海為基地，選擇一兩個城市順便去走走喔！

旅行證件申辦

出國前，請先辦理好護照、台胞證

護照
Passport

出國一定要有的證件就是「護照」，首次申辦護照必須依規定親自辦理，前進中國旅遊需同時持有護照與台胞證。

護照這裡辦

辦理護照的地點是外交部領事事務局，台北、台中、嘉義、高雄、花蓮都有辦事處可以辦理。
護照辦理時間：10個工作天
護照辦理費用：新台幣1,300元
http www.boca.gov.tw

外交部領事事務局
✉ 台北市中正區濟南路1段2之2號3～5樓
☎ (02)2343-2807

中部辦事處
✉ 台中市南屯區黎明路二段503號1樓
☎ (04)2251-0799

雲嘉南辦事處
✉ 嘉義市東區吳鳳北路184號2樓之1
☎ (05)225-1567

南部辦事處
✉ 高雄市苓雅區政南街6號3～4樓
☎ (07)715-6600

東部辦事處
✉ 花蓮縣花蓮市中山路371號6樓
☎ (03)833-1041

＊以上資料時有異動，出發前請再次確認

申請必備文件

■ 身分證正本
■ 未滿20歲者附上父或母身分證正本
■ 舊護照
■ 6個月內正面拍攝之2吋白色背景彩色照片2張
　（背面請填妥申請人姓名）
■ 退役證明正本
■ 填妥普通護照申請書，並簽名

貼心 小提醒

線上填妥申辦表：疫情後申請護照人數大增，目前採線上預約制。
http ppass.boca.gov.tw/sp-ia-login-2.html

可現場拍照：護照照片的要求嚴格，如無把握可以到申辦處現場拍照。

確認護照期限：出國的護照必須有6個月以上的效期，記得檢查護照到期日。

台胞證
Visa

進出中國必須有台胞證，所以也要記得辦理台胞證，台胞證申請下來有5年的有效期，而且自

行前準備

2012年10月開始，持台胞證還可以入境香港30天免簽證，非常方便，可以說是一兼二顧！目前台灣沒有可以直接辦理台胞證的地方，所以都是委託旅行社處理。

申請必備文件

辦理台胞證，7天內就可以取件，請準備以下資料：

- 身分證影本
- 舊台胞證
- 6個月以上有效期之護照影本，簽名欄需本人簽名
- 6個月內正面拍攝之2吋彩色照片（背面請填妥申請人姓名）

簽證

Visa

2015年7月1日起，台灣人民進出中國全面免簽證，也就是說只要持有台胞證，前進中國旅遊，說走就走！

落地簽單次新證

沒有台胞證的遊客也可以利用「落地簽單次新證」的方式入境，需注意的是：辦理落地簽單次新證，僅限沒有台胞證的遊客，且效期為3個月。以此方式可以在抵達上海時，在海關處申辦單次使用的落地簽入境，需準備的內容如下：

- 中華民國護照正本（效期6個月以上）
- 身分證正本
- 2吋彩色照片2張
- 申請費用為¥40
- 填寫「台灣居民口岸簽證申請表」
- 兒童、無身分證者，需備齊護照、戶籍謄本或可以證明與父母關係之相關文件

下載實用APP軟體

現在智慧型手機功能發達，許多資訊都可免費裝在手機裡帶著走，這裡幫讀者整理了實用的手機應用程式，先下載好，到達上海之後會幫上大忙喔！

上海地鐵官方指南

唯一由上海地鐵局官方授權製作的手機應用程式，詳細的地鐵地圖、轉乘計畫、票價資訊、地鐵站出入口等。

免費 iOS | Android 可離線

百度地圖

來到中國，建議裝上當地開發的「百度地圖」，更準確細緻，還有交通工具路線建議的功能，可以告訴你到達目的地的轉乘方式，甚至計程車里程數。

免費 iOS | Android 需連線

大眾點評

大眾點評是中國最大的生活點評網站，不論走到哪裡，可以一鍵查找周邊的餐廳店家，同時有詳細的地址、價格、推薦菜及優惠活動喔！

免費 iOS | Android 需連線

WeChat

中國稱為「微信」，與Line的功能一樣是個通訊聊天APP，由於Line在中國非常不穩定且曾發生斷訊的問題。因此建議裝上WeChat方便溝通，而且幾乎每一個中國人都有安裝，非常方便你認識朋友。

免費 iOS | Android 需連線

APP使用相關注意事項： 由於中國實施網路管制，國人常用的Facebook、Youtube、IG、Line及Google系列的Map、郵件等在中國都是不通或不順暢的喔！

機票與航空公司

提前訂票優惠多，預訂機票小技巧大公開

如何選擇航空公司
Airline

目前直航上海的航空公司有8家，分別是：中華航空、長榮航空、中國國際航空、東方航空、上海航空、南方航空、吉祥航空、春秋航空。轉機飛上海的航空公司，有國泰航空、港龍航空、香港航空、廈門航空、澳門航空等。

行家秘技　香港轉機，多玩一個城市

時間特別充裕的遊客，也可以考慮在香港轉機並停留幾天，一次出國把香港、上海都玩一遍！前面證件篇有提到現在憑台胞證可以免簽入境香港30天，趁著轉機安排在香港逛逛街大啖美食一番也不賴。如果你是熱愛挑戰的背包客一族，告訴你，從香港九龍火車站，還能坐G100次列車直接到上海呢！不過這可要坐8個小時唷！

如何訂機票最划算
Air Ticket

機票是整個行程的關鍵，確認機位後再訂房。訂機票往往是出國旅遊的關鍵，早點上網查詢預計出發日前後時間的機位，才有更多空間找尋最划算的班機下訂，也才好確認要在哪幾天要跟公司請假囉！

台灣每天都有許多直航上海的航班，非常的方便，前往上海的航班一般並不會很難訂，提早7～15天以上預訂即可。但是如果遇到旅遊旺季或是台商往返的高峰期，建議至少提早1～2個月就先查詢機票狀況，上述期間不但機票吃緊，票價也相對貴得多。

貼心 小提醒

優惠機票查詢

可以利用國內外旅行社官網查詢機票價格，如雄獅、易遊網等，也可以在航空公司官網訂票。另外，推薦用Skyscanner查詢優惠機票最便利。

◀ Skyscanner搜尋平台

網路訂機票步驟 Step by Step

Step 1 線上機票查詢

台灣大部分的旅行社都提供線上機票查詢訂定的服務，你可以依以下方式查找。

Step 2 選擇「國際機票」選項

出發地可選台北、台中或高雄出發。

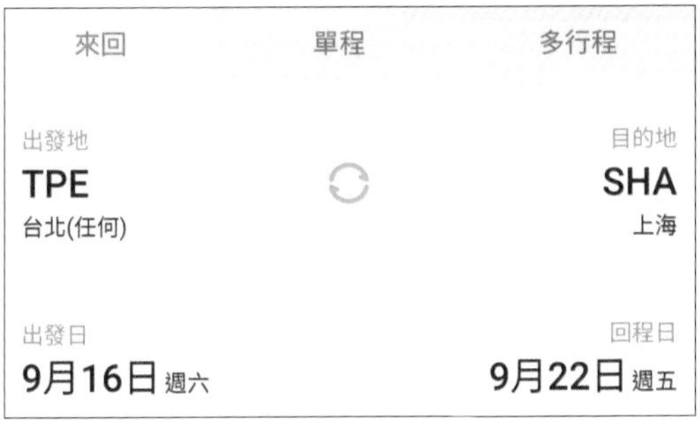

來回	單程	多行程
出發地		目的地
TPE 台北(任何)	⟳	**SHA** 上海
出發日		回程日
9月16日 週六		**9月22日** 週五

Step 3 注意航班資訊

各大旅行網站的查詢頁面大同小異，請參考下圖注意事項。

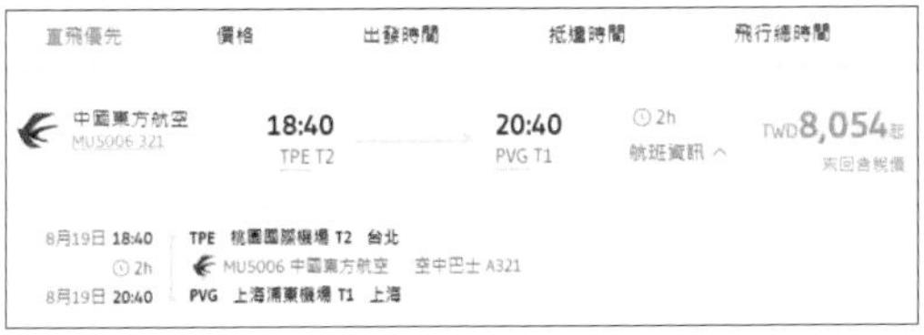

直飛優先	價格	出發時間	抵達時間	飛行總時間
中國東方航空 MU5006 321		18:40 TPE T2	20:40 PVG T1	ⓘ2h 航班資訊 ∧	TWD**8,054**起 查同日報價

8月19日 18:40　TPE 桃園國際機場 T2　台北
ⓘ2h　MU5006 中國東方航空　空中巴士 A321
8月19日 20:40　PVG 上海浦東機場 T1　上海

Step 4 填寫資料確認訂機票

接下來，選擇出行人數、出發日期與回程日期。系統將顯示機票狀況：可訂(有機位)或候補，線上刷卡付款之後，會在電子郵件中確認機位情況。目前各大航空公司皆推行「電子機票」，所以沒有實體機票，登機日只要憑旅行證件(護照、台胞證)前往機場櫃檯報到即可辦理登

機手續。 **請注意** 候補機位要碰運氣，必須有其他乘客取消訂位才能補位。

貼心 小提醒

■ **確認起降機場：**台北、上海，分別有兩個機場(台北：松山機場、桃園國際機場；上海：虹橋國際機場、浦東國際機場)，所以務必確認起降的機場。

■ **證件資訊確認：**訂機票時需輸入護照、台胞證上的中英文姓名、效期等資訊，務必確認輸入資訊是否正確。

■ **注意機票規定：**部分特價機票會有退票、改票的限制，在訂票時應特別留意。

■ **官網訂票：**價差不大的情況下，推薦直接到航空公司官網訂票，無論線上劃位、報到或改期等，都會比較方便。

■ **早鳥優惠多：**航空公司常常推出早鳥優惠，越早訂票越有機會找到便宜價位。

行家祕技 機+酒，一次搞定

對於想要一次把機票與酒店都搞定的游客來說，選擇旅行社推出的「機加酒自由行方案」也是個不錯的選擇。通常推出的方案含來回機票與酒店搭配，會比自己分開訂還要便宜而且省心，首次出國自助旅遊的人不妨多加利用。

機加酒方案的價格因搭配酒店的等級而有所不同，提醒你在選擇搭配酒店時一定要仔細查閱酒店地圖，確定周遭的交通是否方便。許多遊客僅僅看到酒店等級不錯、設備華麗就急著下單，等到到達上海才發現酒店位置偏僻，每天花在計程車上的時間與金錢，才是得不償失。

旅費預算

節省預算有訣竅，教你如何殺價找優惠

上海的物價水準
Prices

上海的物價已經超越台灣，所以在旅行花費方面應該盡可能精打細算。旅遊期間主要的花費落在景點門票、交通運輸、飲食用餐、購物娛樂幾個方面。

其中交通運輸方面多利用大眾運輸工具是最划算且方便的選擇，地鐵搭配計程車出行是最方便的組合。上海地鐵票價由￥3起跳，計程車起步價為￥14。飲食方面價格差距很大，一般路邊小店面還能有親民的價格，但是只要是稍有檔次的餐廳，一頓飯花個上百元人民幣是常有的事情。

至於購物方面，由於中國的關稅很重，所以一般舶來品的價格都比台灣要高，除非是遇到百貨週年慶或是折扣促銷期間，否則不建議在上海購買，至於當地的品牌或是紀念品，記得購買時都要嘗試殺價。

省錢撇步祕技
Saving Tips

餐飲省錢法

出門旅行一日三餐總是免不了，這一筆花費往往屬於旅行預算中的大項，尤其是上海這個物價偏高的城市。這裡我整理了一些節省飲食的花費的小撇步供遊客參考，其中，就算你的行程中希望能感受一下頂級餐廳的美食饗宴，像是外灘高級外國料理，面對動輒￥500起跳的價格，告訴你：可以選擇中午時段或是假日Brunch，會划算很多喔！

交通運輸省錢法

要在上海旅行，最節省交通費用的方式就是搭乘四通八達的上海地鐵，先坐到距離景點最近的地鐵站，再搭配步行或是計程車，這樣就可以有效地控制交通費用。此外，詳細地規畫好旅遊動線，在各地鐵站櫃檯購買「一日票」、「三日票」，在有效期間內可以無限次進出，也是個省錢的好方法。

▲ 上海地鐵一日票

行前準備

路上觀察 節省餐費5大攻略

平價小吃

上海許多小吃連鎖，不但東西好吃且價格實惠，大部分還是出名必體驗的喔！推薦去處：小楊生煎、振鼎雞、麻辣燙等。

連鎖速食店

大家耳熟能詳的速食店，價格合理且品質有保證，是節省預算的好朋友！推薦去處：麥當勞、肯德基、吉野家等等。

百貨美食街

所有百貨賣場都有美食街，在此用餐的價格也比較合理，有助節省預算。推薦去處：地鐵站附近大都有百貨商城，多多利用。

選擇用餐時段享優惠

就算是頂級餐廳，往往也會有午間優惠或Brunch時段，這時候來用餐最划算！推薦去處：外灘高級餐廳就趁中午時段去體驗。

下載APP找優惠折扣

前面介紹過的APP「大眾點評」，可以查看店家有無優惠活動。

殺價有技巧

Bargain

在上海購物是需要發揮殺價功力的，大部分的商家都可以殺價，有時候甚至連百貨公司專櫃都可以談些折扣。凡是景點附近的小商家，像是豫園、七寶古鎮、古玩街等等，購物時一定要記得殺價。 **請注意** 一旦你殺價而店家最終又同意了你的價格，此時你如果不買，這是很犯禁忌的，免不了產生紛爭，所以只有在確定購物的情況下才能開始展開殺價喔！

行家祕技 便宜票券線上訂

其實啊，不管任何景點、活動，現場購票都是最貴的！如果想要省錢，可以利用線上預購網站的服務，像是上海迪士尼、東方明珠塔、黃浦江遊船等等，預購都比較便宜！

幫主已經把上海優惠票券全部整理出來，請掃QRcode查看。

便宜遊上海
極致省錢遊上海

這裡幫主針對學生或是預算型的背包客，設計一個極致省錢的大絕招，看看如何用最便宜的方式遊上海。

機票與住宿

為了要節省預算，可以採用兩種方式：

直接購買「機加酒」行程： 目前台灣各大旅遊網站推出的5天4夜自由行套裝，選擇最低階的3星酒店搭配，價格大約在台幣12,999元上下。

購買非旺季的直航機票： 非旺季直航機票可以低於台幣8,000元(含稅)。搭配我推薦的平價酒店4天住宿大約新台幣6,000元以內。

旅遊景點省到底

上海旅遊行程中部分景點門票價格不斐，但是更多地方是免費的，預算一族不妨專攻這些地方，一樣可以有豐富多彩的旅程！

免費必去： 外灘、豫園商圈、田子坊、南京路步行街、徐家匯天主堂、七寶古鎮等等，再搭配幫主介紹的散步街道(P.108)，如：思南路、武康路、多倫路名人街、桃江路戀愛街。

幫主的貼心提醒

免費省更大！

上海的博物館、美術館不是免費就是低票價、環球金融中心觀光廳生日免費，多多利用省更大！

交通也要省

購買1張上海地鐵三日票，¥45，72小時內無限次使用，就讓地鐵帶你玩遍上海吧！

三餐繼續省

參考幫主介紹的省錢攻略(詳見P.31)，利用當地小吃與美食街壓低用餐成本。

你看，這樣玩上海，預算新台幣15,000元也能把上海玩透透唷！當然，上海還是有很多值得奢侈一把的美食或酒吧，也不要對自己太苛刻囉。

匯兌與信用卡

準備好現金與信用卡，在上海要用人民幣消費喔

兌換人民幣 *Exchange*

在台灣兌換

台灣目前已經開放人民幣兌換業務，可以在台銀、土銀、合庫、彰化、第一、華南、元大、兆豐、台北富邦、國泰世華、中國信託、上海銀行、台灣企銀、渣打等多家銀行辦理。每人有限購規定：每次2萬元人民幣。

在上海兌換

在上海可以進行新台幣兌換人民幣的銀行有中國銀行、交通銀行、台銀上海分行等等。需準備台胞證並填寫匯兌水單。到了上海才想用新台幣換人民幣相對麻煩的多，建議在台灣或是機場就先兌換好，或是身上另備一些美金方便兌換。

♥ 貼心 小提醒

人民幣最高可攜帶20,000元

台灣法規規定，國人出境現鈔金額不得超過10萬新台幣或2萬人民幣，其他貨幣不得超過1萬美元；中國法規規定入境遊客限帶20,000元以內人民幣現鈔，或折合美金5,000元之外幣現鈔。

信用卡 *Credit Card*

國際上通行的信用卡（VISA、Master）在稍具規模的店家、餐廳一般都可以使用。**請注意** 中國的用卡習慣是「密碼為主，簽名為輔」，他們的銀聯卡與信用卡都是要輸入密碼的，所以當店家突然拿著刷卡機要你輸入密碼，可別傻掉了，你可以不用輸入密碼，只要按一下「輸入鍵」就好了。

**在中國刷信用卡會請你輸▶
入密碼**

跨國提款 *ATM Withdraw*

如果你想要用台灣的銀行金融卡在中國提款，必須先向銀行確定是否有「跨國提款」的功能，同時申請取得4位數的跨國提款密碼，就可以在當地貼有VISA符號的提款機領取當地貨幣。

請注意 手續費的計算，各家銀行的收費標準不同，請先查詢，但一般都是75元+1.5%X提領金額。

行李打包

打包妥當才能裝得多，出發前別忘了再次Check行李清單

該帶多少行李
Packing

行李的多寡與旅遊的天數及規畫有關，如果你的上海之旅住宿酒店超過一個月以上，或是還有轉進其他城市停留旅遊的計畫，建議不要攜帶太大的行李箱，以免轉運過程辛苦。此外，出發時行李箱不要完全滿載，旅行過程中會買到許多紀念品、衣物等等戰利品，記得預留一定的空間來存放。另備一個旅行背包，外出移動時一個大小適中的旅行包是非常必要的。

打包行李有訣竅
Packing

打包行李時，將每日必用的用品放在最外層，方便隨時取用，不致於為了拿個洗面乳把整個行李都翻亂。襪子、內褲可以採用捲曲方式塞在行李箱的縫隙處節省空間。

電器類用品，如筆記型電腦、平板電腦、手機、相機等等，盡可能以隨身行李的方式攜帶，如果要放在行李箱託運，可以利用衣物做緩衝，把電器夾在衣服的包圍之中，避免碰撞時損壞。

航空公司託運規定
Packing

託運行李：頭等艙40公斤、商務艙30公斤、經濟艙20公斤。超過將加收超重費用。

手提行李：重量不可超過7公斤，尺寸規定必須在56 X 36 X 23公分之內。

貼心 小提醒

哪些物品禁止攜帶

進入中國地區要注意以下違禁品是不得攜入的：毒品、槍枝(含彈藥、零配件)、假鈔、色情光碟、雜誌、仿冒品、動植物。

氣候資訊
Weather Checking

萬事俱備之後，現在就醞釀旅行的氣氛，等待著開心出遊吧！不過還是要提醒你，由於氣象預報越接近當天越準確，所以鄰近出發前一週，可以比對一下天氣預報情況與自己安排的行程，如果出現下雨或極度炎熱的天氣，可以適當地調整部分路線，避免當日過多的戶外行程。

同時，由於台灣每年都有颱風侵襲，在颱風季時，班機易受到影響或延誤，保持對天氣情況的掌握，才能及早因應。

氣候資訊這裡查

中國天氣網
http www.weather.com.cn/weather/101020100.shtml

算主的貼心提醒 注意當地資訊

除了氣候之外，也不要忘記注意上海當地資訊，像是有沒有禽流感疫情或沙塵暴，可能就需要另帶口罩前往，或是上海正在舉辦的活動、演唱會、電影資訊，時間如剛好與行程重疊，或許可以順道參與。

行李檢查表

√	證件 / 金錢 / 預訂記錄	
	護照正本及影本	護照需有6個月以上有效期，建議影印一份隨身攜帶
	台胞證	確認有效期
	電子機票	可印出來或是存在手機內
	訂房紀錄	可印出來或是存在手機內
	現金	包括新台幣與人民幣(建議攜帶部分美金)
	護照用照片兩張以上	需辦理落地簽的遊客
	信用卡	
√	實用旅遊工具	
	旅遊書籍、地圖	
	下載APP軟體	詳見P.27
	電話清單	緊急聯絡電話、酒店電話、信用卡掛失電話等等，建議隨身攜帶或存在手機中
√	個人日常用品	
	換洗衣物	視旅遊天數與季節調配
	內衣褲、襪子、睡衣褲	直接攜帶免洗內褲也很方便
	備用鞋	如拖鞋或是要出入正式場合需備皮鞋
	盥洗用品、生理用品	洗面乳、牙刷、牙膏、刮鬍刀等
	外套	夏季需備一件長袖防曬，冬季要有羽絨服禦寒
	手套、圍巾、耳罩	上海冬天低溫接近零度，多帶些禦寒裝備
	防曬油、太陽眼鏡	夏季出行必備
	泳裝	如果要到飯店游泳
	護唇膏	秋冬季容易乾燥，可以帶著
√	電子產品 / 其他	
	相機、手機、充電器、記憶卡	需確認插頭與電壓
	電器轉接頭	
	筆記型電腦	
	常備藥品	胃藥與感冒藥，有備無患

備註：其他出發前應辦理事項，如開通國際漫遊、投保旅遊平安險等

機場交通篇
Airport &
Transportation

抵達上海機場,如何順利入出境?

進出國門的第一關就是機場,對於首度出國的遊客來說,了解機場的相關流程
與注意事項是非常重要的。此外,上海交通四通八達,可利用的交通工具非常
多樣化,哪些更適合遊客使用呢?本篇將為大家介紹機場、大眾交通工具等相
關資訊。

入出境與通關

入出境步驟教學，準備登機前往上海

台灣出境步驟
Departure

Step 1 機場Check in

起飛前2小時應到達機場，可以藉由機場的電子告示看板，找到航空公司的辦理櫃檯。

Step 2 取得登機證

在航空公司櫃檯，出示電子機票、護照、台胞證，由工作人員辦理登機證。

Step 3 行李託運

行李在櫃檯秤重，工作人員會在行李箱上貼上行李條，並且將收執聯貼在登機證上。請妥當保管。

Step 4 通關檢查

檢查隨身行李時，筆電、iPad、雨傘須從包包中取出，身上所有物品也需取下，放在籃子中過檢測儀。

Step 5 等候登機

記得要在起飛30分鐘前來到登機門等候登機，登機時會查驗登機證與旅行證件。

上海入境步驟
Arrivals

Step 1 抵達機場

搭飛機順利到達上海機場，下飛機之後跟著「旅客到達Arrival」的指示前往邊防檢查。

Step 2 辦理簽證

需要辦理落地簽證的遊客依指示前往

機場交通篇

自助辦證區,在台灣就已經辦好台胞證的遊客可以直接前往邊防檢查。

Step 3 入境邊防檢查

準備好台胞證,排隊接受邊防檢查,上海機場入境人數眾多,請多加耐心等待。

圖片提供/
上海出入境邊防檢查總站

Step 4 提取行李

完成通關後,不要忘記提取行李,在行李提取處看板會顯示各航班行李轉盤編號,依飛機航班編號前往指定轉盤提取行李。

Step 5 進入市區

機場內有詳盡的指示標誌,告訴遊客前往各種交通設施的路徑,旅客只要跟隨指標就能順利到達搭乘處。

貼心 小提醒

特殊情況需主動健康申報

因應新冠疫情,中國海關有健康申報的要求,自2023年11月1日起,出入境人員健康申報,由全員申報模式調整為主動申報模式,也就是說,除非有下列情形,否則不需要填寫海關健康申報。應主動申報者:來自疫情發生國家(地區)的人員,如接觸過相應病例或出現發熱、寒戰、頭痛、嗜睡、乏力、腹瀉等症狀,入境時應主動向海關申報,海關衛生檢疫人員將按規定採取醫學措施並開展採樣檢測。

從機場往返市區

利用各種交通工具接駁，從機場進入市區

浦東機場

由浦東國際機場前往上海市區有以下幾種交通工具選擇。

磁懸浮列車 *Meglev Train*

上海的磁懸浮列車是全世界第一條投入商業運營的磁懸浮專線（2003年），由地鐵2號線的龍陽路站往返浦東機場，票價￥50，全長29.863公里，只要8分鐘，最高時速可達431公里。

地鐵 *Metro*

搭乘地鐵2號線可以前往市區，耗時約1.5小時。要注意的是：目前該路線有3種不同營運長度的車次，進市區沒問題，回程往機場要注意選擇直達機場的車次，不然在廣蘭路站要跨月台換車比較麻煩。

徐涇東　　　淞虹路　　　廣蘭路　　　浦東國際機場

交路 1
交路 2
交路 3

機場巴士 *Bus*

	票價(人民幣)	營運時間(機場端)	行經路線
機場1線	￥34	07:00～23:00	浦東機場→虹橋機場、虹橋火車站
機場2線	￥24	06:30～23:00	浦東機場→靜安寺
機場4線	￥18～24	07:00～23:00	浦東大道→五角場→運光新村→虹口足球場
機場5線	￥18～25	07:00～23:00	洋涇港橋→東方醫院→延安中路成都北路→上海火車站南廣場
機場7線	￥8～20	07:30～23:00	川沙路華夏東路→上南路華夏西路→上海南站
機場8線	￥2～10	07:00～19:40	海天三路→南匯汽車站
機場9線	￥24	07:00～23:00	浦東機場→莘朱路(莘庄地鐵站)
夜宵線	￥18～24	至當日末班航班結束後45分鐘	浦東機場→龍陽路→世紀大道地鐵站→延安東路浙江中路站→延安中路華山路站→延安西路虹許路站→虹橋樞紐東交通中心

計程車

Taxi

浦東機場有專區搭乘計程車，大量的排班計程車等候，非常方便，進入市區約60分鐘，價格約 ¥180。

虹橋機場

虹橋機場位於浦西，距離市區僅30分鐘左右車程，建議直接選擇地鐵或計程車作為進入市區的交通工具。地鐵2號、10號線都有虹橋1號航廈樓、虹橋2號航廈樓站，可以視住宿的飯店決定搭乘路線。

虹橋機場同樣有專區搭乘計程車，排班計程車消化很快，無須等待太久，進入市區(徐家匯)約30分鐘，價格約¥60。

虹橋機場 1 號航廈公車

	票價(人民幣)	營運時間(機場端)	行經路線
807	¥2	06:00～23:00	虹橋機場→清澗新村
176	¥2	上午07:00～09:30，下午17:00～19:30 (週六、週日及國定假日停駛)	虹橋機場→天山西路福泉路

虹橋機場 2 號航廈公車

	票價(人民幣)	營運時間(機場端)	行經路線
虹橋商務區1路環線	¥2	06:30～20:30	虹橋樞紐東交通中心→ 虹橋樞紐西交通中
機場1線	¥30	06:00～23:00	虹橋樞紐東交通中心→ 浦東機場1號航站樓
941	¥2～6	05:30～23:00	虹橋樞紐東交通中心→上海火車站南廣場
虹橋樞紐4路	¥1～8	06:00～00:25	虹橋樞紐東交通中心→紫竹科學園區
虹橋樞紐9路	¥10	06:00～23:00	虹橋樞紐東交通中心→嘉定客運中心
316路夜宵線	¥2	23:00～05:00	虹橋樞紐東交通中心→延安東路外灘
夜宵巴士	¥10～16	至當日末班航班結束後45分鐘	虹橋機場2航廈1號門外北側→陸家嘴

機場航班詢問熱線：(021)-96990

上海市區交通工具

地鐵、出租車、公交車、火車、渡輪、巴士，四通八達

地鐵

Metro

在上海出行最方便的公共交通工具就是地鐵了，目前上海地鐵有19條營運中的線路，以數字命名，並搭配顏色作為區分，分別是1～18號線與浦江線，分布涵蓋上海市區，善用地鐵不但便捷快速，還可節省不少交通費用喔！

如何找到地鐵站

不論是實體或是手機地圖，都會標示上海地鐵的位置；此外，在接近車站200～500公尺內的路口，也都有地鐵站的指標。線上地鐵路線圖請掃QRcode查看。

搭乘地鐵步驟

Step 1 購票

利用地鐵內的購票機或在服務中心購票。

Step 2 安檢

如果有包包行李，入站前應先放上Ｘ光機檢查。

Step 3 入口閘機驗票

一次性票卡請插入，驗後跳出取回。公共交通卡、一日票、三日票由上方感應器感應後入閘。

機場交通篇

團主的貼心提醒　事先規畫節省購票時間

在地鐵站購票的人很多，建議先規畫好行程後購買一日票與三日票，節省購票時間。

行家祕技　轉乘地鐵有撇步

■ **跟著地面指標走**：地鐵轉乘站設計五花八門，有的路程很遠，有些甚至要出站！但只要跟著地上指標走就不會有問題！

■ **重新購票換乘**：上海火車站、南京西路、虹橋2號航站樓、長清路站，這4站單程票需出站重新購票換乘。

8 号线 Line 8

地鐵票種一覽表

票種	說明
單程票	一般遊客最常利用到的票種，利用地鐵站內的售票機購票，最低票價￥3，入站驗票時記得取回，出站時回收。
一日票 三日票	一日票與三日票適合已經規畫好地鐵行程的遊客，分別可以在首次入站後24小時與72小時內，不限次數進出。 **票價**：一日票￥18、三日票￥45 **購票地點**：各地鐵站售票窗口
公共交通卡	又稱一卡通，是整合了上海大部分交通工具的一張卡，利用此卡可以搭乘上海的地鐵、公交、出租車、渡輪等等，非常方便，採儲值扣款的方式使用，適合長時間待在上海的人使用。 **購買與儲值**：都在各地鐵站窗口，第一次購買需付押金￥20

出租車

Taxi

計程車在上海稱為「出租車」或是「低士」，搭乘計程車則稱為「打低」或「打車」。上海的出租車車頂都有指示燈號，只要顯示綠色「待運」就是空車，顯示紅色「停運」則表示不載客。不過現在幾乎人人都用手機叫車，路邊攔車會比較困難。如果你已完成支付寶或微信綁定信用卡，可以直接利用APP中的叫車功能。

▲ 支付寶首頁上方的出行裡面有叫車功能

計價方式	起步費(3公里)	3～15公里	15公里以上
日間 (05:00～23:00)	￥16 (部分舊型車輛￥14)	￥2.5 /公里	￥3.6 /公里
夜間 (23:00～05:00)	￥18	￥3.1 /公里	￥4.7 /公里

公交車

Bus

上海的公共汽車稱為「公交車」，高達1,000條以上的路線遍布整個上海，是居民出行最常使用的交通工具。但是一般遊客要搞懂各種公交車的路線恐怕不太容易，建議還是以地鐵＋出租車的方式為宜。

公交車的票價為￥2，上車時請投幣或刷交通卡。每一站都會停，所以車上沒有下車鈴，只要在快到站時到後門等著就可以了。同樣的，每站都會停，所以候車時也不用招手。

幫主的貼心提醒 D

**善用APP
輕鬆搭乘公交車**

如果你下載了本書推薦的「百度地圖」APP(P.27)，在查找目的地時，系統會幫你計算出利用地鐵或公交車的轉乘方案與乘車地點，如此你就能清楚搭車地點與下車站名囉！

渡輪

Ferry

黃浦江把上海區分成了浦西與浦東，其上有渡輪往來，方便兩岸居民交通移動。這個渡輪每次僅￥2，而且在渡輪上可以一覽兩岸的美景，推薦遊客多加利用。

▲ 往來黃浦江兩岸的渡輪，在金陵東路渡口搭乘

火車

Train

一般短期旅遊的遊客來到上海用不到火車，但對於旅遊時間較長的遊客，幫主會建議把周遭的杭州、蘇州、南京等城市也納入行程之中，現在高速鐵路通車，前往上述旅遊城市不到2小時就能抵達。中國的動車(高速鐵路)不但速度快，內部空間也舒適，安排一個鄰近上海的城市搭乘火車去遊玩，會是非常特別的體驗唷！

目前中國火車已經沒有實體票券，只需憑身分證件進站搭乘，你可以先在「中國鐵路12306」網站註冊、線上訂票，詳細教學請掃QR Code。沒有支付工具的遊客只能去火車站臨櫃購票，或詢問旅館前台，一般旅館都有代訂服務(加收手續費)。

火車高鐵線上訂票教學 ▶

▲ 開往杭州的和諧號列車

▲ 一等座位相當的高級舒適

觀光巴士
Sightseeing Bus

上海市區旅遊有個輕鬆的方式：搭乘觀光巴士！目前上海有3家公司經營，分別是都市觀光巴士(4條路線)、BUS TOUR(3條路線)、申城觀光巴士(2條路線)。這種觀光雙層巴士，不但行經重要景點，車上還有解說服務，對於想要舒服遊歷的旅客來說，搭乘體驗是不錯的選擇。

都市觀光旅遊1號線(紅線)

一共行經15站：上海博物館、上海城市規劃館、上海市歷史博物館、杜莎夫人蠟像館、南京路步行街、世紀廣場、步行街東側、外白渡橋、海關大樓、浦江遊船碼頭、豫園城隍廟、大韓民國臨時政府舊址、中共一大會址。新天地、淮海中路商業街。

都市觀光旅遊2號線(綠線)

從浦西的上海博物館出發後，經過上海城市規劃館，然後直奔浦東，行經東方明珠塔、東昌路碼頭、金茂大廈。

都市觀光旅遊3號線(黃線)

從外白渡橋出發，行經海關大樓、金陵東路碼頭、浦江遊船碼頭、豫園城隍廟、東方明珠塔、中華藝術宮、文化中心、南外灘老碼頭南側、南外灘老碼頭北側、復興東路碼頭、老上海氣象信號台。

▶ 天氣好時，可以坐在露天位置唷

都市觀光旅遊5號線(紫線)

除了外灘、豫園之外，還會繞到北外灘(猶太難民紀念館)、上海郵政博物館等地。

BUS TOUR 城市遊(紅線)

南京路新世界城、人民廣場、上海市歷史博物館、南京路步行街、外灘、十六鋪浦江遊船碼頭、豫園、新天地。

BUS TOUR 古寺遊(綠線)

南京路新世界城、上海博物館、淮海路、靜安寺、波特曼酒店、上海電視台、上海市歷史博物館等站。

BUS TOUR 浦東遊(藍線)

外灘、東方明珠塔、環球金融中心、金茂大廈、十六鋪浦江遊船碼頭。

▲ 掃碼線上預訂

▲ 水陸通巴士

觀光巴士資訊看這裡

都市觀光巴士
🕐 5/1～10/31：09:00～20:30
　 11/1～4/30：09:00～18:00
💲 ¥40(24小時有效)、¥50(48小時有效)

BUS TOUR
🕐 09:00～17:00，5～10月加開夜景線路
💲 ¥100：包含紅線、藍線、綠線所有站點任意上下，24小時有效

申城觀光巴士
🕐 觀光1號10:00～18:00、觀光2號10:00～20:00
💲 ¥50(24小時有效)、¥60(48小時有效)

住宿篇
Accommodations

在上海旅行，有哪些住宿選擇？

住宿的選擇可是大大地影響到預算、出行方便度、是否能好好地補充體力，所以慎選住宿是非常重要的，本篇將依不同旅行目的，提供多種類型的住宿推薦，大家可以依自己的需求挑選個好的住宿環境。

圖片提供 / 首席公館

圖片提供 / 柏悅酒店

圖片提供 / 紳公館

住宿種類與訂房

規畫訂房前，先認識上海的住宿型態與基本價位

當機票確認後，就該準備預訂住宿，大多數的酒店都是越早訂價格越漂亮，建議至少提早7～15天預訂。上海的住宿相當多樣化，從高端的星級酒店、精品酒店、平價酒店到青年旅舍(Hostel)統統都有，遊客可以視需求來訂房。

星級酒店 *Hotels*

對於初次出國的遊客，比較建議選擇有品牌的國際酒店入住，在品質與服務上可以放心，預算多的可以選擇凱悅、喜來登；中等預算者可以選擇索菲特、Pullman；若預算較低可以考慮IBIS，這些全球連鎖品牌都是不錯的選擇。

▲ 上海麗笙精選海侖賓館就在南京路步行街上

特色與精品酒店 *Hotels*

難得來趟上海，很推薦具有租界特色的酒店，如和平飯店、國際飯店、首席公館、馬勒別墅等

等，這些帶著歷史感的建築本身就是難忘的旅行回憶。此外，入住黃浦江畔的景觀酒店，可收下上海江景；或是入住上海摩天高樓，體驗住在雲端的感覺，都是很難得的體驗。

▲ 首席公館昔日是杜月笙的宅邸

▲ 金茂凱悅的無敵景觀房

平價快捷酒店 *Hotels*

上海位列國際大都市，物價也高。所幸，近年來在中國「平價快捷酒店」大行其道，門店如雨後春筍般的開張，提供了旅遊者經濟實惠的住宿選擇。

中國知名的連鎖快捷酒店有：維也納、漢庭、

如家、桔子、格林豪泰等等，每晚房價控制在¥500左右，這類酒店連鎖的特色是：價格平易

近人、設施標準化、乾淨，而且部分門店的位置在交通方面也很方便，適合想把預算花在刀口的遊客選擇。

幫主的貼心提醒

上海住旅館，不提供一次性用品

自2019年7月1日起，上海旅遊住宿業將不主動提供牙刷、梳子、刮鬍刀、浴擦、指甲銼、鞋擦等一次性用品，以上用品需自備喔！

Hotel

Hotels

Hostel

Hostel應該歸類為青年旅舍的一種，適合背包客一族，通常一個房間內有4～6個床位，附上置放行李的儲物櫃，衛浴採公共區域共用形式。

好處當然是價格便宜，一晚僅¥50～150，室友可能是來自五湖四海的背包客，年輕的外國人也偏愛這種形式的住宿，不但可認識許多朋友，還能把錢省下來用在旅途上。缺點是無法選擇室友，有些甚至男女混住，容易互相打擾。

其他住宿選擇

Hotels

上海還有大量的各種類型酒店、平價快捷酒店，甚至出租床位的Hostel可以挑選，幫主特別

製作了「上海Hotel推薦地圖」，為讀者嚴選了不同價位及特色的住宿酒店。

上海Hotel推薦地圖 ▶

預訂旅館的方式

Booking

直接向酒店訂房

你可以直接向屬意的酒店訂房，所有的酒店官方網站上都能直接下訂，或是以電話、傳真、郵件的方式與酒店聯繫確認房間。但是要特別提醒你：酒店的「牌價」都相對要高的多，直接跟酒店訂通常比較不划算。後面介紹的線上訂房網站價格通常是酒店牌價的5～6折。

專業訂房網站

訂房網站非常多，知名的如Agoda、Booking、Trip等，利用這些網站，可以非常輕鬆地查找上海的即時房價。

圖片提供／紳公館

特色住宿

上海租界風、景觀飯店、精品酒店、平價旅館

圖片提供 / URBN 精品酒店

親子同樂推薦

上海浦東
嘉里大酒店

🌐 goo.gl/jHGipf / ✉ 上海市浦東新區花木路 1388 號 /
📞 (021) 6169-8888 / 💲 ￥1,388 ～3,500

　　推薦一間適合帶小朋友或是準備去迪士尼玩
的遊客選擇的酒店，這間酒店拿下眾多媒體的「
最佳親子酒店」大賞，對小朋友的服務相當細
緻，餐廳有兒童餐具，房間有專屬的兒童浴袍、
牙刷、小玩具甚至連泡澡的黃小鴨都準備好了
呢！（記得在訂房時備註有幾歲的小朋友同行。）

　　酒店就在地鐵站7號線，最尾端的「花木路
站」，交通非常方便，是香格里拉酒店集團旗下
的品牌，4樓的「兒童探險樂園」，一般外來客
人平日￥380～500，而住客只要￥150喔！（價格
為1位大人＋1名兒童）偌大的場地可以讓小朋友
盡情的遊玩。

　　酒店有往返上海磁懸浮接駁巴士，記得先跟禮
賓部登記搭乘。對了！這裡每個房間內的Mini -
Bar內飲料、零食都是免費享用的！這是一間大
人小朋友都會覺得住得很開心的酒店！

1.兒童探險樂園是小朋友的最愛 / 2.為小賓客準備的專
屬沐浴用品 / 3.五星級的房間，大人小孩都舒適 / 4.上
海磁懸浮接駁巴士 (以上圖片提供 / 上海浦東嘉里大酒店)

住宿篇

幫主嚴選，高CP值推薦

錦江都城經典 上海南京飯店

✉ 上海黃浦區山西南路 200 號 / ☎ (021)6322-2888 / 💲 ¥600～1,200 / ➡ 最近地鐵站：2、10 號線南京東路站

　　這間是幫主大大推薦的酒店，它的位置優勢真的很明顯，地鐵出口轉個彎就到了！而且是近年剛剛翻新，設備都很新穎，以其優異的位置與設施，整體的價位卻很合理，真的是非常推薦給第一次來上海的遊客喔！

　　地鐵坐到南京東路站，出站就到！除了交通的優勢之外，南京路步行街可以輕鬆散步到外灘，周邊的好吃好逛特別多，樓下對面一整排都是餐廳！有小籠生煎可以吃，也有便利商店可以補貨，地鐵還直達機場，真的是對於遊客相當值得推薦的一間酒店呢！

　　一進門就是充滿上海風的大堂，房間內的玄關處做成圓弧狀，四個角落分別用小馬克磚拼貼出上海的經典建築，延續了酒店整體的上海風。設施中規中矩，可提供遊客絕對舒適的睡眠品質。

1.玄關用小馬克磚拼貼出上海的經典建築 / 2.大堂的布置相當的有「民初上海風」/ 3.中規中矩卻很舒適的床

上海外灘 郁錦香新亞酒店

✉ 上海四川北路天潼路 422 號 / ☎ (021)6324-2210 / 💲 ¥500～900

　　這間飯店是1934年的老建築，外觀非常有特色，現在改造成獨特的酒店，提供遊客優質的住宿體驗，內部很有設計感，完全無法想像這已是經歷80多年歷史風霜的建築。

　　幫主推薦它的理由是：位在蘇州河畔，就在最有特色的上海郵政博物館正後方，遊客一出門就能在蘇州河畔漫步，到外白渡橋、外灘，只要幾分鐘的腳程而已，是多麼棒的地理位置！

　　此外，鄰近的地鐵站是天潼路站，這裡是上海成衣批發大本營的七浦路商圈，相當於台灣的五分埔、韓國的東大門，想要逛街採購的遊客也會很方便！

1.大器的廳堂很氣派 / 2.餐廳的空間也很棒 / 3.內部是新穎舒適的裝潢

獨享上海無敵景觀

上海外灘W酒店

http goo.gl/Xe2V7R / ✉ 上海市旅順路66號 / ☎ (021) 2286-9999 / $ ￥2,000～3,500

「W」這個品牌本身就充滿了話題性，「流行」與「潮」的形象使它擁有許多的忠實粉絲，而上海的W因為坐擁北外灘的絕佳位置，可以欣賞到浦西萬國建築博覽＋浦東陸家嘴世界高樓，因此大受期待！

在窗戶的邊上都設計了躺椅，方便住客以最舒適的姿勢欣賞無敵的美景，要注意的是，房型上有城市景觀與江景方向。一次可以看到浦東四大高樓的角度也只有北外灘這裡了！東方明珠塔、上海中心大廈、金茂大廈、環球金融中心排排站，到了晚上點燈後更耀眼！

W不愧是W，在硬體方面的表現很讚！設計上的視覺感也很讚！剛開幕不久，所有設施都很新穎，所以非常推薦大家來感受看看。

1.露台池畔酒吧無敵的美景，打卡勝地 / 2.4樓的Woobar可以輕鬆地喝點小酒 / 3.面江的景觀房可以看到陸家嘴四大高樓 (以上圖片提供 / 上海外灘W酒店)

上海柏悅酒店

http goo.gl/J55PxZ / ✉ 上海市浦東新區世紀大道100號 / ☎ (021)6888-1234 / $ ￥2,800～10,500

上海環球金融中心，曾經的世界第一高樓，直聳入雲的高度令人仰望。而就在它的79～93樓正是上海柏悅酒店，世界最高酒店之一，如果能夠住在其中，幾乎可以說是住在半空中，更別說它居高臨下擁有的上海景觀，單單是這一幕畫面恐怕就是千金難買囉！

特別強調的是：所有房型都有View！你一定可以享受到無敵美景。此外，酒店的大堂設在87樓，這裡還有大堂餐廳、客廳、茶閣、酒吧，滿足住客多樣的需求，91樓的世紀100餐廳，提供中西日式餐飲，85樓有泳池，92樓則有2家特色酒吧，這些設施都在天際線之上，非常特別。

1.大堂的位置已經與金茂大廈齊高了 / 2.水境泳池在85樓 / 3、4、5.客房內景 (以上圖片提供 / 上海柏悅酒店)

上海灘風情
上海瑞金洲際酒店

✉ 上海黃浦區瑞金二路 118 號 / 📞 (021)6472-5222 /
💲 ¥1,500～2,500

整個莊園般的基地擁有55,000平方公尺面積，大量的花園綠地包圍著其中僅有的幾棟建築物，許多影視劇都來此取景，包括電影《喜歡你》、《流金歲月》、《小時代》等。其中，名人公館始建於1917年，曾是英國商人馬立斯的宅邸，1927年時蔣介石與宋美齡於此舉行訂婚儀式。

此外還有1917～1930年建成的馨源樓、總統樓兩座特色建築，接待過各國元首政要；而馨源樓更是知名本幫菜、粵菜餐廳，獲得米其林餐盤推薦，推薦在櫻花季節來這裡品味下午茶，非常浪漫！最後登場的是主樓，帶有老上海摩登風情的9層樓建築，大堂以驚人的巨型水晶燈布置，強大的氣場突顯了上世紀20年代的奢華感。這雍容華貴的老洋房氣質，價位約在¥1,500一晚，是非常值得體驗的住宿選擇。

1.氣質卻大氣的內裝 / 2.房間也讓你重回老上海時代 /
3.莊園式的建築吸引大量影視劇取景
(以上圖片提供／上海瑞金洲際酒店)

上海灘租界風情
國際飯店

✉ 上海市南京西路170號 / 📞 (021)6327-5225 /
💲 ¥700～1,200

國際飯店是1934年就建成的建物，曾是昔日遠東第一高樓、建築大師鄔達克的經典作品、裡面有上海城市中心原點的標誌、全上海最好吃的蝴蝶酥、知名的酒醉蛋糕等，眾多的特色大集結！

形式上當然就是老飯店的樣貌，在走廊的兩側牆上，你可以發現掛著的也都是與國際飯店歷史有關的物件，室內的風格部分屬於中規中矩的形式，房間內部所有設施的狀況都很好，因為近年都做過全面的翻修。

位置就在地鐵1、2、8號線人民廣場站，8號出口對面，走路到南京路步行街超近，旁邊又有黃河路美食街，可吃到佳家湯包、小楊生煎等小吃，方便指數百分百！

1.國際飯店當年可是遠東第一高樓 / 2.大堂的樓梯很有味道 / 3.房間算是中規中矩

飲食篇
Gourmet

在上海，吃什麼道地美食？

「在上海你吃得到全世界！」這麼說一點都不誇張。海納百川的上海精神不僅
僅吸引來自各地的英雄好漢，同時也帶來了道地的家鄉美味。來上海，你可以
吃到來自中國大江南北的菜系，也可以品嘗到不同國家的美味料理。

圖片提供 / Jean Georges

上海經典本幫菜

濃油赤醬，上海當地菜肴豈能錯過

介 紹上海飲食當然要從上海在地的談起，上海菜系又被稱為「本幫菜」，其特色是「濃油赤醬」。烹飪手法著重紅燒、蒸、煨、炸、酒糟(一種醃製的手法)、生煸等。最初上海本幫菜其實源自農家便飯，樸素而實惠，相當平民化、貼近生活，家家戶戶都能輕易烹調出來，卻也因此往往被認為難登大雅之堂，在中國各大菜系之中地位不如其他知名菜系。但是，上海菜在近年來融合了各地的精髓，衍生出許多創意料理，在平凡中見其親民的特性，可以說是上海本幫菜的一大特點。

在菜色方面，最知名的上海菜色大致有紅燒肉、草頭圈子、酒香草頭、炒毛蟹、心太軟、椒鹽排骨等等，來到上海無論如何都要試試上海當地的特色菜，體驗看看所謂的本幫菜吃起來的感覺如何。

紅燒肉
Shanghai Gourmet

提到本幫菜，第一個聯想到的就是「紅燒肉」了，每一家上海菜餐廳也必定提供這道佳肴，其實說穿了不過就是醬油滷五花肉，但是自從蘇東坡的一首《豬肉頌》之後，東坡肉的美名不脛而走，人們流傳的東坡肉其實就是一種紅燒肉。

《豬肉頌》：「淨洗鍋，少著水，柴頭罨炳焰不起。待他自熟莫催他，火候足時他自美……」瞧瞧大文豪蘇東坡被貶黃州還能自得其樂，以便宜的豬肉飽食自娛，還特別強調了小火慢煮，超級下飯！

紅燒肉的作法各家大同小異，哪怕在台灣家家戶戶也都能偶爾煮上一鍋，不過雖然是一道基礎料理，在不同的主廚手下仍有不同的變化，有些以甕燜煮，上桌多時仍能保持溫度，也有清灑桂花加上以冰糖熬湯使得肉身發出晶瑩的透亮感，

1.最下飯的紅燒肉 / 2.紅燒肉由許多的佐料調理(辣椒、八角、山楂、香葉、花椒) / 3.紅燒肉在不同大廚手下有不同的呈現，圖為桂花紅燒肉

或是燜到皮肉皆軟、入口即化，各家主廚分別展現才藝，特色紛呈。

清炒河蝦仁
Shanghai Gourmet

早在清代就盛行於江南的「清炒河蝦仁」，不同於海鮮大蝦的肉質肥厚，但江南鍾靈水秀的河鮮雅味，口感別有風韻。由於地緣環境，上海雖然沒有海鮮，但這一道膾炙人口的「清炒河蝦仁」，卻讓老饕們津津樂道了幾百年之久。

正統的上海清炒河蝦仁，用的是江蘇高郵河蝦仁，蝦仁雖小，但入口鮮、嫩、滑、清，講究火候與外裹薄漿，雖是淺淺一盤，但著實考驗大廚功力！

▲ 清淡爽口的清炒河蝦仁

酒香草頭
Shanghai Gourmet

草頭這種植物在台灣好像沒有，原名為苜蓿或三葉草，口感還滿特別的。大部分的上海菜餐廳都有酒香草頭這道料理，利用白酒大火快炒而成，關鍵是白酒的氣息濃厚，算是重口味的喔，看看你能習慣嗎？來到上海可以試試。

▲ 白酒的氣味很重，有些人可能吃不慣

心太軟
Shanghai Gourmet

第一次在菜單上看到「心太軟」的時候，心裡還納悶，怎麼任賢齊的歌曲都上了菜單？原來這一道菜是以形定名，紅棗為心，糯米太軟，2種食材搭配起來真的是名符其實的「心太軟」！

用鮮紅棗，剔除棗核，棗仁中加上不黏牙、軟糯適中的糯米小團，現點現做趁熱吃，絕佳風味齒頰留香，比起台灣的麻糬，多了一份嚼感和紅棗香；現在更有上海大廚，把這道料理予之變化，加上鵝肝做成鹹香華美的熱食，或者是淋上芝麻與桂花醬，成為更具特色的上海甜點。

▲ 紅棗夾糯米＝心太軟

烤麩
Shanghai Gourmet

烤麩是一種用麥子磨粉分離後，經發酵蒸製出來的食品，口感類似台灣的麵筋，軟中帶Q。在上海的餐廳中，通常也都有提供這道料理，稱為「四喜烤麩」，是著名的上海涼菜之一。

▲ 烤麩常配上花生、黑木耳、八角等佐料

本幫菜餐廳推薦
Shanghai Gourmet

上海有一些最出名的本幫菜餐廳，像是綠波廊、梅龍鎮酒家、老正興等等，他們的名號與經典畫上了等號，所以價格也就相對高貴。但其實本幫菜的精神是貼近平民百姓，所以我要捨棄經典，為大家介紹更有家常感覺的好餐廳！

建國328本幫小館

✉ 建國西路328號 / ☎ (021)6471-3819 / ➡ 9號線嘉善路站 / 💲 人均消費：¥80

曾經被上海電視節目評為滬上十大本幫菜小館之一，同時許多的美食雜誌也都給予過推薦，最難能可貴的是，這家店的健康概念。全店禁止吸菸、不使用味精、薄油、水用6道工續過濾等等，配上超好廚藝的上海大廚，把本幫菜的美味呈現之餘，還不丟失健康。

一進門就聽到播放著「蘇州評彈」的樂曲聲，特別有上海味，招牌的菜色有：紅燒肉、醬爆豬肝、蔥炸小黃魚、蔥油拌麵、臭豆腐等等。而且，這裡還提供紅酒，讓中式餐飲與西式品酒融合，現在大受外籍客人的喜愛！

上海姥姥

✉ 福州路70號 / ☎ (021)6321-6613 / ➡ 1、10號線南京東路站 / 💲 人均消費：¥75

上海姥姥這家店很受到我們旅居上海的台灣人喜愛，一方面是它的料理夠道地，價格也合理，另一方面則是因為它的位置靠近外灘，很方便招呼來到上海旅遊的朋友在見識完外灘萬國建築博覽之後，來此品嘗本幫菜。

來到這裡點個紅燒肉是必須的，記得要加個蛋，滷過的蛋特別好吃！同時我也推薦他們的椒鹽豬手，外脆內Q有嚼勁，非常地棒！當然啦，其他耳熟能詳的本幫菜這裡也都能點得到喔！

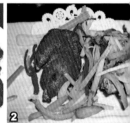

1.紅燒肉當然是必點的啦 / 2.這個椒鹽豬手是我的最愛

1.店面小小的千萬別錯過囉 / 2.蔥油拌麵超香超讚 / 3.大廚就是因為這道醬爆豬肝贏得老闆的器重喔 / 4.蔥炸小黃魚酥脆香甜

飲食篇

永興餐廳

✉ 復興中路626弄1號 / ☎ (021)6473-3780 / ➡ 1、10號線陝西南路站 / 💲 人均消費：¥60

　　這是一家躲在巷弄內的小店，只有熟門熟路的人，才知道這裡藏了一家CP值極高的家庭式餐廳。你別看它低調地藏在巷子裡，每天晚上都會有厲害的饕客特別跑來品嘗，從外國領事到市井小民都有喔！

　　這裡的招牌菜是鴨肉蛋黃卷，熟門熟路的食客必點！把鴨肉用蛋黃煎成的皮包裹，非常好吃。雪菜

腰果中的雪菜用油炸方式變成酥脆口感，很特別！干燒鯧魚的作法類似豆豉鱈魚，上面的肉末配飯超棒，保證整碗吃光光！這裡真的是價格合理又有家的味道的好餐廳喔！

1.雪菜腰果的口感很棒 / 2.躲在巷內的美味家常餐廳

路上觀察　上海餐飲須知

　　別急喔！在開吃之前先了解一下上海餐廳的一些規矩，在上海的餐廳用餐，基本上與台灣一致，沒有太多不一樣的規矩，不過幫主還是提醒你注意以下的習慣。

當地飲食習慣

　　上海菜有名的「濃油赤醬」，口味偏甜且用油下手重，會覺得食物比較油膩些，不過大致與台灣差異不大，如果擔心口味不習慣可以在點餐時要求少油少鹽。另外上海的餐廳桌面上往往不會擺放醬油，而是以醋取代。

請叫「服務員」

　　在上海的餐廳，需要服務時請稱呼店員為「服務員」。這一點要稍微注意，因為有時候稱女性服務員為小姐，可是會被認為有不尊重的意思的喔！所以不論店員的性別一律叫「服務員」就錯不了了！

提前打電話訂位

　　上海大部分知名的美食餐廳一到用餐時間就一位難求，現場排隊動輒半小時以上，所以建議你：提前打電話訂位，或是避開用餐尖峰時段，比如說下午1點半後再吃午餐，或是傍晚5點就去吃晚餐。

用手機點餐漸成主流

　　中國的手機應用發展實在太前衛，許多餐廳早就沒有菜單，你只要用手機掃描餐桌上的QR碼，就可以跳出選單，手指按一按就完成點餐，建議安裝「微信」。遇到這類情況，利用內建掃一掃功能就能搞定。

桌角掃碼就能點單 ▶

在地特色小吃

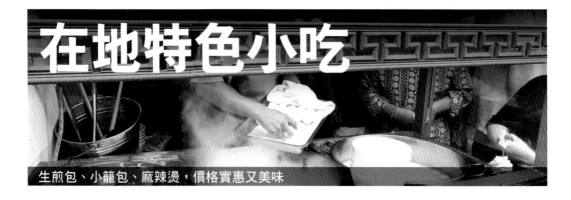

生煎包、小籠包、麻辣燙，價格實惠又美味

生煎包
Shanghai Gourmet

　　說到上海小吃排名首位的應該就是「生煎包」了。這個生煎包主要流行於上海、蘇州一帶，與台灣的水煎包類似的作法，其特色是皮薄餡厚、內餡透湯而皮Q，一面煎得焦脆，另一面則有著包子的口感與香氣，價格卻很親民，真是太令人銷魂了！

　　做得好的生煎包不但麵皮Q軟、內餡鮮嫩，更關鍵的是湯汁豐腴，在內餡中加入豬皮凍，在蒸煎的過程中，融化為精華的湯汁，封鎖在麵皮內，等到食用的時候也大有學問，請依照幫主的示範「步驟」食用。

老字號推薦：大壺春

　　大壺春在上海獲得了米其林必比登名單的推薦，相對於目前市占最高的小楊生煎，大壺春的生煎皮厚而油輕，這點相信對吃不慣重油的台灣遊客接受度會更高，來到這裡吃個雙拼生煎＋蔥花魚圓湯，¥20搞定！

◀ 大壺春的招牌

行家祕技　生煎包怎麼吃

Step 1 首先，記得先在皮薄的地方小小地咬上一口。

Step 2 稍稍地等待一下，別急著吸吮以免湯汁燙口。

Step 3 稍涼後先吸掉餡內的湯汁精華。

Step 4 然後將有口的一面沾醋。

Step 5 接著就可以歡樂地享用生煎包的美味啦！

小籠湯包
Shanghai Gourmet

中國飲食中，唯一能討好南北饕客的美味，莫過於「小籠湯包」。

紅遍大江南北的小籠湯包，據說，最早便是起源於上海南翔小籠。道地的小籠湯包，是用精白麵粉發酵，做成雪白的剔透薄皮，豬腿精肉為主餡，最重要的發明，就是在餡中加入與老母雞湯同煮過的豬皮凍來吊鮮；當小籠湯包熱氣騰騰放入口中的一剎那，鮮雞湯與滑腴軟嫩的肉餡，交織出無與倫比的獨奏曲，配上提味的烏醋薑絲，那滋味真叫人想不愛都難！

如今的小籠湯包，不管是在外型還是內涵製作上，都可以說是中華美食的最佳藝術品。

老字號推薦：南翔饅頭店

最出名的小籠湯包店是位在豫園的「南翔饅頭店」，光是排隊的人潮就知道它的知名度，此外，位於人民廣場附近的黃河路127號「佳家湯包」也可以品嘗到道地的湯包美味！

季節限定
大閘蟹

說到「大閘蟹」應該算是無人不知無人不曉吧？

最出名的大閘蟹就是產自鄰近上海的陽澄湖，這裡出產的大閘蟹有4大特點：青背、白肚、金爪、黃毛。傳統上有個說法：「秋風起，蟹腳癢，九月圓臍十月尖。」意思就是到了秋季正是蟹生長成熟的時節，9月當吃雌蟹，10月則要吃雄蟹。

只要到了時節當令，各家餐館莫不推出大閘蟹宴，正宗且肥美的大閘蟹價格可都相當不斐呢，原則上不論雌雄蟹，個頭應該都要選擇3兩以上，在烹調方面，其實大閘蟹沒別的，就是要吃其自然鮮味，所以多以清蒸處理即可，上桌後配上黃醋，如果還能來壺黃酒就更好了，因為螃蟹性寒多食傷胃，黃酒有暖胃的功效。切忌暴食大閘蟹，吃太多了容易拉肚子喔！

湯團
Shanghai Gourmet

湯團其實就是我們說的湯圓啦！這個大家耳熟能詳的小吃最早源自宋代明州（今寧波），當地興起以黑芝麻、砂糖、豬油等作爲餡料，並以糯米搗成外皮包裹，最後下鍋煮熟食用。

在上海也同樣有吃湯團的習慣，而且甜鹹口味都有，從傳統的芝麻、花生、豆沙到棗泥、豬肉、蟹粉都有，在軟糯的外皮內藏著鮮香的美味佐料，每一口都是驚喜！幫主推薦想要嘗試的遊客，優先選擇七寶古鎮內的湯團店家（見P.105）。市區內的中華老字號「王家沙」則以蟹粉湯團聞名，在地鐵南京西路站2號出口就有一家。

老字號推薦：王家沙的蟹粉湯團

✉ 靜安區南京西路805號1樓 / ☎ (021)6253-0404 / ➡ 2號線南京西路站

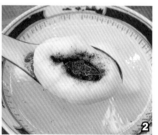

1.七寶古鎮內有很多湯團店 / 2.皮Q內餡實在，嘗嘗吧

麻辣燙
Shanghai Gourmet

麻辣燙是常見的特色小吃，起源於重慶。利用特製的麻辣湯來煮沸食材，顧客可以依喜好自行選擇配料，由店家調理後熱騰騰上桌，具有價廉美味的特性，因此很受民眾喜愛。

由於麻辣燙屬於平民小吃，通常店面都很普通，但是衝著美味加上人均消費不過￥20的合理

價格，擁有非常多的支持者。幫主推薦上海知名的麻辣燙店家如下。

老字號推薦：靜安小亭

這家靜安小亭麻辣燙非常地出名，雖說麻辣燙處處都有，湯底口味有學問，靜安小亭麻辣燙極有口碑，過去開在靜安寺後面，因動遷而搬家，讓許多愛好者與台商太太們四處打聽新址，現在正式落戶於此，小小的店面依舊是擠滿了顧客，從魚丸、金針菇、燕餃、腐皮、香腸……一應俱全，配上熱燙香的麻辣湯，價格卻連￥30都不到，難怪永遠吸引著饕客前往！來到上海也不要忘記品嘗一下內地的特色小吃喔。

✉ 靜安區吳江路269號湟普匯2樓 / ☎ (021)6136-1399 / ➡ 2號線南京西路站4號出口

▲ 永遠滿滿的客人，但是等待是值得的

白斬雞
Shanghai Gourmet

要說到上海的白斬雞,最出名的就是老字號的「小紹興」,從當年一個雞粥小攤位變成聞名大江南北的美食字號,這裡的白斬雞取自紹興閹雞,燙煮工序講究,最後塗上麻油使肉質油光飽滿,吃過的人都讚不絕口!

不過說到白斬雞,現在上海還有一個品牌「振鼎雞」,同樣以雞料理聞名,價格更加實惠,成為上海民眾喜愛的平價餐廳之一。幫主提醒,除了享用白斬雞之外,加點個雞汁拌麵或雞湯麵、雞胗、雞爪、雞血湯來搭配,更能凸顯雞料理的不同口感。

老字號推薦:小紹興

✉ 黃浦區雲南南路69〜75號 / ☎ (021)6326-0845 / ➡ 8號線大世界站

◀ 小紹興的白斬雞最為出名

老字號推薦:振鼎雞(福州路店)

✉ 福州路440號 / ☎ (021)6350-0458 / ➡ 1、2、8號線人民廣場站

1.振鼎雞的口味也不遑多讓 / 2.雞汁拌麵便宜又美味

1192弄老上海風情街
一站吃遍上海經典

上海有這麼多經典小吃名店,分布在不同的地方,想要全部收集真是得跑遍上海!沒關係,幫主教你撇步,讓你一站就把上海百年的經典小吃統統搞定唷!

就在地鐵世紀大道站連通的新商城「世紀匯廣場」的地下樓層,有一個「1192弄老上海風情街」,除了場景很好拍之外,這裡也聚集了許多美食餐廳,經典的大壺春、小紹興、小金陵、佳家湯包等,幾乎所有上海人耳熟能詳的經典美食品牌都到齊了!

環境復古,以老上海的方式呈現,用合理的價格就能品嘗到各家精華!

1,2.街邊全都是上海經典美食小吃 / 3.場景如同回到老上海時代

購物篇
Shopping

在上海，哪裡最好逛最好買？

嚴格來說，中國由於關稅較重，購物的成本也比較高，想撿便宜較困難。不過由於上海是國際級都會，許多國際品牌的專櫃甚至款式都優於台灣，加上小商品、特色店林立，還是能夠滿足購物的樂趣唷！

必逛百貨商城

風格強烈的現代購物商城，滿足視覺與購物雙重享受

上海的大型百貨商城超過60座，每一座各有特色且入駐國內外知名品牌，幫主為大家介紹幾個特別值得一逛的百貨商城，它們不但具有購物樂趣，內部設施與風格也令人驚豔不已。

K11購物藝術中心
Shopping

K11購物藝術中心所在位置的前身叫做香港新世界大廈，這棟大廈原來是上海唯一擁有外牆變色燈光效果的大樓，現在變身為K11，跳出了既定思維的單純設櫃銷售，把藝術的元素融入購物環境之中，是上海很有特色的購物商城。

這個購物中心的設計，是以藝術包圍購物休閒，除了B3有一個大型藝術展示區之外，整個賣場的每一個角落也都是展區，藝術家的作品錯落擺置，讓你在逛街之餘，還能在視覺上享受藝術帶來的感官刺激……。

✉ 淮海中路300號 / ☎ (021)2310-3188 / ➡ 1號線黃陂南路站3號出口

▲ 藝術與購物結合範例　▲ 中庭的美麗造景

IAPM環貿
Shopping

IAPM是上海新興的頂級購物商城，英文字義結合了「International」、「AM」、「PM」，表達了除了國際化之外，更提供從早（AM）到晚（PM）的購物樂趣，因此它也是上海唯一營業到夜間11點，部分餐飲甚至可到凌晨1點。

大氣時尚的內部空間 ▲

這裡的專櫃品牌有許多都是首度進軍中國，樓上的美食餐廳也都是赫赫有名的上海名店，如：利苑、老吉士酒家、正斗粥麵專家、金牌外婆家等。內部設計則是由英國Benoy事務所操刀，不但現代時尚感強烈，更符合國際綠能環保。

✉ 淮海中路999號 / ☎ (021)3326-6700 / ➡ 1、10、12號線陝西南路站

上海環球港

Shopping

環球港是號稱世界中心城區最大的商城，擁有上海最大的空中帷幕花園（3萬平方公尺），整個購物中心真的有夠大的，而且內部裝潢採用歐式宮廷豪奢風，頗有澳門威尼斯人酒店的感覺，套句中國的說法就是「高端大氣上檔次」啊！

上海環球港有超過千家品牌商店進駐，同時涵蓋了餐飲、文化休閒、展覽演出等等的複合功能，光是步行瀏覽一遍就要花上大半天，所幸這裡處處值得拍照，還有空中透明空橋，居高俯瞰商城既新奇又緊張，當成景點來參觀也不賴！

✉ 中山北路3300號 / ☎ (400)921-0588 / ➡ 3、4、13號線金沙江站，出站即達

▲ 來看看什麼叫做金碧輝煌土豪氣勢

大悅城

Shopping

大悅城是上海擁有摩天輪的地標商城，就像台灣的大直美麗華、曼谷的Asiatique、大阪的HEP Five百貨，都是城市摩天輪所在，特別吸引人。

南座3樓常會有特展，展出過「幾米特展」、「海賊王黃金城主題展」等等。想要搭摩天輪請到北座8樓，包廂內不但有空調，還有藍牙音響與USB插座等，一圈大約12分鐘，可以好好享受高空的美景。此外，8樓還有一條霓虹街，大量的招牌與霓虹燈，營造出一種像是日本又像香港的特殊街景，而且它利用錯層的形式來設計，讓你在許多不同的夾層中穿梭。

最後，這裡還有很多「自己動手做」的創意店，舉凡油畫、木雕、書、餅乾、書籍、銀飾等等，都可以現場自己做唷！

✉ 西藏北路166號 / ☎ (400)6107-6166 / ➡ 8、12號線曲阜路站，出站即達

▶ 北座8樓的霓虹街設計很有意思

▲ 大悅城的外觀，摩天輪躲在後方

必逛購物商圈

逛街馬路出列，聚集各大品牌旗艦店，流行趨勢一把罩

作為世界級的大城市，在上海可以找到來自全世界的品牌，特別是許多還沒有進軍台灣的國際知名服飾，在上海都設有專門店，上海在流行趨勢上可不輸東京、香港呢！幫主將為讀者選出部分值得一逛的逛街路段，讀者可以好好享受一下在上海購物的樂趣。

淮海路 (黃陂南路站) Shopping

如果你喜愛的是世界頂級品牌，那麼絕不能錯過淮海路(黃陂南路站)周邊，有種置身香港中環、銅鑼灣的感覺，每一個街角都被頂級品牌的旗艦店盤據，從LV、CUGGI、HERMES、Cartier等等一應俱全。

新樂路、長樂路、巨鹿路 Shopping

喜愛個性潮牌或特色小物的小資女，絕不能錯過被稱為「滬上潮人三角地帶」的新樂路、長樂路、巨鹿路，這3條潮店街，就連藝人潘瑋柏、陳冠希等人也都開店於此，商品絕對最新潮、最流行！

▲ 淮海路是頂級品牌聚集路段

▲ 眾多的小店面提供潮流服飾

淮海中路 (陝西南路站)

Shopping

而講求實用、簡約時尚的年輕人更不用擔心了，許多世界知名的平價流行服飾品牌台灣找不到，但上海統統有！而且款式全面，幫主來重點提示與指路吧，以下品牌在上海都有多處門店，我把旗艦店位置介紹給大家！

▲ niko and...旗艦店

▲ 全球最大的Uniqlo旗艦店

全球最大的niko and... ▶

平價品牌旗艦店資訊一覽表

品牌名稱	品牌簡介
UNIQLO	日本平價時尚領導品牌，全世界最大旗艦店就在上海。 旗艦店：淮海中路887號
niko and...	來自日本的時尚品牌，全球最大的旗艦店，足足有3層樓面，甚至還有餐廳！內有許多台灣買不到的商品，一定要來逛逛。 旗艦店：淮海中路775號
Urban Revivo (UR)	中國本土快時尚品牌，全球擁有近200家分店。 旗艦店：淮海中路688號
MUJI	無印良品全球最大旗艦店就在上海！ 旗艦店：淮海中路755號

以上旗艦店統統集中在淮海中路上，近地鐵陝西南路站，一次全逛遍！

七浦路成衣批發市場

台北有個五分埔、首爾有個東大門，都是成衣批發聚集地，說到上海就得是七浦路了！這裡聚集了大量的成衣批發商鋪，一整條馬路上多達近10棟批發商城，每一棟內都有著數量驚人的小商鋪，想要買便宜的外銷成衣、服飾、配件，來這裡錯不了！

請注意 由於批發人潮眾多，環境龍蛇雜處，來這裡購物一定要留心隨身財物，基本逛逛與地鐵連通的興旺國際服飾城就夠了！

▲ 什麼都買得到，挖寶樂趣多

▲ 七浦路的批發市場有好幾棟

幫主的貼心提醒 **殺價有規矩，錢財不露白**

如果沒有意願購買的商品，千萬不要討價還價，若對方答應了你的價格，你卻不買，這是非常冒犯的行為，容易衍生消費糾紛。

玩樂篇
Sightseeing

上海有哪些好看好玩的景點與活動？

上海之旅正式開啟，這個城市擁有多樣化的旅遊樂趣，幫主將擷取精華，
為大家推薦最值得探訪的景點，同時詳解相關的必試必看！

上海市中心觀光景點
人民廣場周邊

推薦景點：人民廣場、人民公園、上海城市規劃展示館、上海博物館、沐恩堂、來福士廣場、新世界城

人民廣場位於市區中心，地鐵1、2、8號線交會，具有交通樞紐地位，以人民公園為中心，周圍許多博物館、展館、百貨商城，知名的南京路步行街起點也在此處，是非常適合作為上海旅遊第一站的位置。

上海城市規劃展示館
- ✉ 人民大道100號
- ➡ 地鐵人民廣場站2號出口
- ⏱ 09:00～17:00
- 💲 免費

1.城市規劃館的外觀也很有特色／2.超級大的立體曲面銀幕，呈現上海的城市景觀／3.2樓人文之城展廳，有許多的模型展示城市建設

上海城市規劃展示館

推薦上海旅遊的第一站！位於人民廣場中心，巨大的白色建築本身就很有看頭，在2000年獲得中國建築最高榮譽的「魯班獎」。這裡也是所有外國元首、使節來到上海時一定會前來參觀認識上海的門戶，利用多媒體、投影、VR、AR、全息影像等，將上海演變的時間序呈現出來。

人民廣場與人民公園(相親角)

當你來到人民廣場站，在眾多高樓的包圍之中，這一大片的廣場區塊就是統稱的人民廣場，在過去這裡曾經是著名的跑馬廳，1861年跑馬總會的董事英國人霍格，向上海道台要求土地來作為跑馬跑道，於是他策馬飛馳，凡是馬蹄所圈到之處盡歸跑馬廳使用。

1949年上海解放，上海市長陳毅宣布將此地改為人民廣場，其中特別值得一提的就是廣場下方是全中國最大的地下商城，面積超過3萬平方公尺，販售內容五花八門，有興趣可以一併晃晃。

人民公園在廣場北側，總面積達10萬平方公尺，公園內有大型蓮花池、假山造景等設施。每個週末這裡還有「相親角」奇景，上海父母會把自己孩子的資料印出來，徵求女婿、媳婦，旅遊時可以順便見識一下。

跑馬總會舊址(上海市歷史博物館)

這座建成於1933年的建築，當年是跑馬總會的所在地，充滿著新古典文化的風格，高聳的鐘樓造型更是它的地標性形象。1956年開館成為上海美術展覽館，目前則是上海市歷史博物館，規畫了特展廳、古代上海、近代上海等展區，許多珍貴的文物照片讓你回顧上海的歷史。

1.大堂中央的多媒體展示／2.別忘了去屋頂花園欣賞鐘塔

沐恩堂

在城市中心的人民廣場，佇立著一座1887年建成的老教堂，在視覺上的衝擊可不小。這一座哥德式風格的教堂從清光緒13年建成，就一直默默地注視著上海這座城市的發展演進。紅磚牆體配合宗教的莊嚴寧靜，使它成為人民廣場一道獨特的風景線。

人民廣場
- ✉ 黃浦區南京西路75號
- ➡ 地鐵人民廣場站2號出口出站即達

跑馬總會舊址
- ✉ 黃浦區南京西路325號
- 📞 (021)2329-9999
- ➡ 地鐵人民廣場站11號出口，出站即達
- 💲 免費參觀

跑馬總會的鐘樓充滿特色

沐恩堂
- ✉ 西藏中路316號
- ➡ 地鐵人民廣場站14號出口
- 🕐 週日07:00、09:00、14:00、19:00可以參與禮拜活動，其餘時間不對外開放
- 💲 免費

沐恩堂是建築大師鄔達克的作品之一

上海博物館

上海博物館
http www.shanghaimuseum.
net
✉ 人民大道201號
☎ (021)9696-8686
➡ 地鐵人民廣場站1號出口
🕐 09:00～17:00
💲 免費

　　如果你的行程希望增添知性的內容，不妨考慮來參觀上海博物館。場館建築以「天圓地方」作為設計概念，館藏珍貴文物12萬件，目前有11個專館、3個展覽廳對遊客展出。上海博物館有4個樓層，展出青銅、雕塑、陶瓷、書法、璽印、繪畫、民族工藝、錢幣、家具、玉器等，豐富且珍貴的館藏相當難得一見，此外還有不定期舉辦的特展，給自己的上海之旅添加一些知性吧！

上海世茂廣場

上海世茂廣場
✉ 南京東路829號
➡ 地鐵人民廣場站19號出口
🕐 10:00～22:00

　　世茂廣場位於南京路步行街的起始位置，重新裝修開幕後集結大量知名品牌，展出櫃位也年輕不落俗套，相當精采！同時在建築設計上，部分空間採外露形式，逛起來有一種探索的樂趣，值得一逛的有M&M巧克力旗艦店，整整兩個樓面，大量可愛的周邊小物，相當好買。同時這裡也有樂高旗艦店，以及大量潮店，適合青年族群購物。

1.樂高積木拼出來的上海地標景觀 ／2.可愛的M豆巧克力主題內容

國際飯店

國際飯店
✉ 南京西路170號
☎ (021)6327-5225
➡ 地鐵人民廣場站8號出口

別忘了品嘗最好吃的蝴蝶酥

　　國際飯店西餅屋的蝴蝶酥，被上海人稱為「全上海最好吃的蝴蝶酥」，有興趣不妨買來試試。西餅屋位置在黃河路28號。

　　位在黃河路口的國際飯店，是匈牙利建築師鄔達克的作品，建成於1934年，當年由四大銀行共同投資興建，樓高83.8公尺，被喻為「遠東第一樓」，紀錄足足保持了半個世紀之久。來訪賓客更不用說，蔣經國、張學良、魯迅、胡適等等，都曾親臨，此外梅蘭芳曾在孔雀廳宴請卓別林呢！如今它的外觀依舊醒目，彷彿還嗅得到當年的風采。

國際飯店的興建啟迪了當年只有17歲的建築大師貝律銘

上海市中心觀光景點
南京路步行街

1

推薦景點：沿路上的百年建築與老字號店鋪

南京路步行街起點位在人民廣場，一路向東到外灘，這裡在30年代就已經是全上海最繁華、最洋派的商業街道。建議遊客入夜後前來，整條步行街霓虹燈開啟，最能感受到上海十里洋場的氣氛。其實，嚴格來說南京路步行街上百貨商城雖多，卻沒什麼特別值得購物的。真正值得關注的重點是：熱鬧的逛街環境(入夜後更美)、百年建築(永安百貨等)、老字號店鋪(張小泉剪刀店、真老大房、沈大成糕餅等)。

1.南京路要的就是這漫步的感覺／2.怕腳痠的遊客多利用小火車吧／3.氣勢恢宏的永安百貨／4.跟著大夥排隊吃看看老字號糕點／5.當地民眾也樂於在南京路上演出一技之長／6.還可以在這裡扮演上海灘強哥「許文強」

注意當地資訊
窩主的貼心提醒

遊客從人民廣場起點出發，可搭乘觀光小火車(票價￥10)，一路由小火車帶你直達河南中路口，如果喜歡散步，就慢慢地晃，路上的食品行裡五香豆、糖炒栗子、青團等，都是在地人喜愛的小點心，當然啦，一路上還有許多的特色建築不能忘記停下腳步來拍拍照唷！

2

3

6

4

5

上海市中心觀光景點
外灘(中山東一路)

推薦景點：和平飯店、法租界風情建築

上海灘頭最美麗的一幕！有著萬國建築博覽之稱的外灘建築群，位在黃浦江畔的這一排歷史特色建築可以說是上海的代表性畫面，任何遊客來到上海都不能錯過的經典行程。整個外灘景區的範圍很大，北側有外白渡橋、黃浦公園、人民英雄紀念碑與外灘源(圓明園路)，接著整條中山東一路上，面向黃浦江一排的特色建築，美不勝收！當然啦，雖是美景當前，這一路走下來其實也挺耗體力的，加上沒有什麼遮蔽物，遊客務必要注意體力的調配喔！

1,3.外灘夜景(圖片提供／和平飯店)／**2.**外灘上的金牛，有華爾街的感覺吧

和平飯店

 幫主首推

和平飯店
🌐 www.fairmont.cn/peace-hotel-shanghai
✉ 南京東路20號
📞 (021)6138-6888
➡ 地鐵南京東路站2號出口

玩樂篇

從地鐵南京東路站出來走向外灘，只要朝著「綠帽子」的建築走就錯不了！這正是名聞遐邇的「和平飯店」，建於1929年，前身是華懋飯店，也稱沙遜大廈，是外灘建築群中最高的一棟，當年有遠東第一高樓之稱。

幫主帶路 遊逛有撇步

Point 1 找到大門

和平飯店的大門是在南京東路上，從這個大門進入。（圖片提供／和平飯店）

Point 6 到9樓看View

如果想體驗一把無敵江景的 View，可到9樓的 Cathay Room 用餐（週日的 Brunch 最為划算，¥758／人）。

Point 2 前往大廳

正前方的大廳，氣勢恢宏的大型彩繪玻璃帷幕。（圖片提供／和平飯店）

Point 5 閱覽收藏品

瞧瞧這裡的收藏品，可都是當年租界時期，這家高級酒店留下的呢！

Point 3 左轉

可以前往茉莉廳、老爵士酒吧。品嘗下午茶或是晚上來聽音樂都很愜意。（圖片提供／和平飯店）

Point 4 右轉

位在酒店北側入口處有一座樓梯，通往「和平收藏館」。（圖片提供／和平飯店）

幫主帶路
法租界風情 in 外灘

北蘇江路　　　吳淞江

南蘇江路

香港路

四川中路　　虎丘路

北京東路

江西中路

寧波路

天津路

南京東路

南京東路站

九江路

山東南路　河南中路

10號線

廣東路

外灘3號　　　　1916年建成
有利大廈

中國第一座鋼骨結構大樓，帶有文藝復興時期的建築風格。「外灘3號」可說與高端時尚畫上了等號。3樓有滬申畫廊，其他樓層則有著包括米其林一星的Jean-Georges法國餐廳、美式、義大利、粵式等等頂級美食餐廳。

外灘2號　　　　1910年建成
上海總會大樓

建於1910年的上海總會大樓採用英國古典主義風格設計，室內則由日本設計師依日本帝國大廈設計，當時有「東洋倫敦」之稱。上海總會曾是遠東知名的Club，裡面有著全中國最老的西門子電梯與全亞洲最長的吧檯(34公尺)。

1989年上海第一家肯德基在此開幕，現今則是全球頂級的「上海外灘華爾道夫酒店」。

外灘1號　　　　1913年建成
亞細亞大樓

占據了外灘頭排位置的亞細亞大樓，當年曾是外灘最高的建築，被喻為「外灘第一樓」。整體風格兼具了巴洛克式與新古典主義的風貌，特色是正面四根愛奧利克立柱，對稱的形態顯得莊嚴且穩重，目前是中國太平洋保險公司總部。

外灘源

外白渡橋

北京東路

天津路

2號線

九江路

漢口路

福州路

四川中路

延安東路

中山東一路

黃浦江

玩樂篇

外灘9號 | **1901 年建成**

輪船招商總局

從外觀上可以感受到帶有「官方」的形態。沒錯,所謂的輪船招商局就是當年由李鴻章負責籌建,是中國第一家的新式輪船公司,目前的外灘9號也是外灘建築群中年紀最大的老前輩喔!

外灘7號 | **1908 年建成**

中國電報大樓

典型的文藝復興風格大樓,外觀的線條較強烈。目前1樓是泰國盤谷銀行使用,而泰國駐上海的總領事館也同在此處。

外灘6號 | **1987 年建成**

中國通商銀行大樓

帶有英國哥特式建築風格,過去是中國第一家由華人興辦的銀行「中國通商銀行」舊址,目前的外灘6號內部有包括日式、創意蘇滬、義大利、葡萄牙風格的5間美食餐廳。

外灘5號 | **1925 年建成**

日清大樓

當年是由日本的日清汽船株式會社與猶太商人合資建造,在外觀的風格上同時兼容了日本與猶太古典建築的特性,被稱為「日猶式建築」。仔細觀察會發現它在下方與上方的3層樓在風格上有明顯的差異。

外灘15號 　　　　1902年建成

華俄道勝銀行大樓

　　建於1902年，高度只有3層樓，在外灘建築群中顯得嬌小。最初是清代第一家中外合資的銀行——華俄道勝銀行大樓，後來也成為過國民黨中央銀行，目前則是上海外匯交易中心。

外灘14號 　　　　1948年建成

交通銀行大樓

　　建於1948年，是外灘建築群中年紀最小的。原址最早是英商寶順洋行產業，在1948年由匈牙利鴻達洋行設計重建為現狀，目前是上海總工會使用中。

外灘13號 　　　　1927年建成

海關大樓

　　古典主義建築風格。在造型上參考了英國議會大廈的鐘樓，這個大鐘也是目前亞洲最大，從建成至今持續準確的報時，遊客們在外灘都能夠在每15分鐘聽到響亮的鐘聲，這也已經成為外灘的特色之一！

外灘12號 　　　　1923年建成

匯豐銀行大樓

　　這一棟建築無疑是外灘最具氣勢的大樓，要知道當年可是耗資800萬兩白銀興建，這個數字幾乎是當年所有外灘建築造價總和的一半！而且門口的一對石獅子也是專門鑄造，完成後立即將銅模銷毀，成為獨一無二的珍品。

外灘建築位置圖

北蘇江路　　吳淞江

南蘇江路

香港路

四川中路　　虎丘路

北京東路

寧波路　　江西中路

天津路

南京東路

南京東路站

九江路

山東南路　　河南中路

10號線

廣東路

玩樂篇

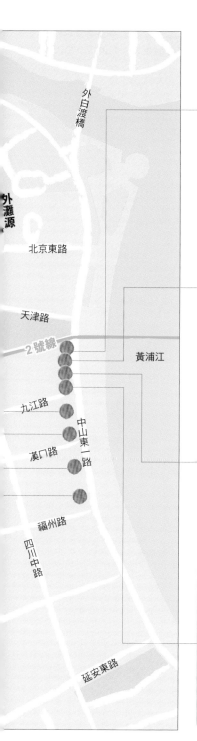

外白渡橋

外灘源

北京東路

天津路

2號線

黃浦江

九江路

中山東一路

漢口路

福州路

四川中路

延安東路

外灘19號　　1906年建成
匯中飯店

　　匯中飯店是上海最有歷史的飯店之一，目前歸屬於和平飯店，是其南樓。1911年孫中山就任臨時大總統、1927年蔣介石宋美齡訂婚典禮，都是在此舉辦。此樓目前也稱為「斯沃琪和平飯店藝術中心」。

外灘18號　　1923年建成
麥加利銀行大樓

　　麥加利銀行就是現在的渣打銀行。在2002年台資企業接手經營修復，2004年完工，吸引了國際品牌與米其林星級餐廳入駐，現在提到「外灘18號」，可謂無人不知、無人不曉。

外灘17號　　1924年建成
友邦大廈

　　結合了現代主義與新古典主義的風格，最初是由《字林西報》投資興建，這份英文報紙是當時在上海最大的新聞出版機構，1951年停刊。1996年由友邦人壽保險入駐。

外灘16號　　1924年建成
台灣銀行大樓

　　什麼？外灘有台灣銀行？建於1924年的此大樓，其實是台灣日治時代台銀在上海的辦公大樓。目前是屬於上海招商銀行，不過聽說台灣銀行目前正積極接洽，希望有機會拿回這個具有歷史意義的大樓來處理兩岸金融事務。

外灘 26 號　　　1920 年建成

揚子大樓

由英國公和洋行設計，採用與巴黎歌劇院一樣的折衷主義外觀設計，當年由揚子水火保險公司使用故得名，目前則為中國農業銀行。

外灘 24 號　　　1924 年建成

正金大樓

當年由橫濱正金銀行興建，後文藝復興時代的建築風格，目前是中國工商銀行的上海總部，裡面大堂有著8公斤的黃金鑲崁於房頂。

外灘 23 號　　　1937 年建成

中國銀行大樓

建於1937年，是外灘建築中唯一由中國人設計的大樓。比鄰於和平飯店的隔壁，據說當年為了替中國人爭一口面子，最初設計時高度是超越遠東第一樓的和平飯店，但是沙遜從中作梗，硬是讓它比和平飯店矮了30公分。

外灘 20 號　　　1929 年建成

和平飯店

地產大亨沙遜投資興建，又名沙遜大廈，樓高77公尺，當年是第一高樓，有「遠東第一樓」的美名。這裡接待過的政商名流巨星更是不勝枚舉，此外，和平飯店也是許多電影中常常出現的場景。

外灘建築位置圖

北蘇江路
吳淞江
南蘇江路
香港路
四川中路
虎丘路
北京東路
寧波路
江西中路
天津路
南京東路
南京東路站
九江路
山東南路
河南中路
廣東路
10 號線

玩
樂
篇

黃浦公園、人民英雄紀念碑

外灘之旅的最北側來到了黃浦公園,北臨蘇州河的黃浦公園,就是當年標示「華人及狗不得進入」激起中國人憤慨的地方。如今當然歡迎任何遊客來此賞遊,園內的標誌性建築「人民英雄紀念碑」,1993年由上海同濟大學以槍枝的形象設計,紀念人民解放戰爭中的殉難英雄,也因它的造型,被當地民眾稱為「三槍牌紀念碑」。

✉中山東一路500號 / ☎(021)5308-2636 / ➡地鐵南京東路站6號出口

外白渡橋

外灘源

北京東路

天津路

2號線

黃浦江

九江路

漢口路

中山東一路

福州路

四川中路

延安東路

外灘27號   **1943年建成**

怡和洋行大樓

怡和洋行所有,文藝復興時期風格,外觀上與巴黎歌劇院有所相似,目前由頂級的羅斯福公館進駐,提供餐飲、會所、紅酒俱樂部服務。

外白渡橋

相信所有看過上海灘系列電影的遊客，對於這座外白渡橋都不陌生，它可以說是上海的代表性建築之一，電影《大城小事》、《情深深雨濛濛》、《色戒》等等都曾入鏡。最早建於1856年，相傳早年華人過河都需要付費，直到同治13年此橋建成，人民過河不再需要付費，可以「白渡」；從此，它的名稱就這樣被上海民眾認知至今。

1.橫跨蘇州河的外白渡橋／2.這座橋也連結了蘇州河兩岸，具有重要的交通功能

外灘源

外灘源
✉ 黃浦區圓明園路

1.建於1886年的天主教新天安堂／2.建於1908年的安培洋行，清水紅磚牆／3.真光大廈是鄔達克的建築作品／4.外灘源幽靜中帶著租界建築風情

外灘源位於黃浦江與蘇州河交會處，整個區塊內保留一批1920年到1936年間的西洋建築，雖然不如外灘萬國建築博覽會那一排特色建築出名，但是此區內的歷史建築物卻也都非常具有多國特色的租界風情。

目前外灘源主要觀光價值是沿著圓明園路上的一系列特色建築，包括了眞光大廈、廣學大樓、蘭心大樓、女青年會大樓等等，有別於外灘萬國建築群的人群熙攘，這裡多了幾分僻靜，更顯風情。

玩樂篇

上海市中心觀光景點
新天地周邊

推薦景點：一大會址、太平橋公園

新天地這範圍曾經是一大片近百年歷史的「石庫門里弄建築」。石庫門建築興起於19世紀，其特色在於青磚牆體，內有天井，厚重的黑色大門彷彿庫房一般。然而，隨著城市的進步，老式房子面臨拆遷的命運，於是在1999年瑞安集團動工改造這一片石庫門舊城區，打造為集合流行、休閒、文化為一體的「新天地」！現在的新天地成了上海的新興地標，來自海內外的遊客慕名前來，特別是露天的廣場，老外三三兩兩的喝著啤酒、咖啡，頗有歐洲街頭的風情。

新天地周邊街道圖

1號線 淮海中路 黃陂南路站 崇德路 興安路 太倉路 湖濱路 黃陂南路 興業路 馬當路 淡水路 自忠路 10號線 復興中路 新天地站

1.石庫門造型風味猶存／**2.**帶有歐洲露天風格的新天地

目前的新天地分為三大區塊：

■ **新天地北里：**以老式石庫門為主，外觀保留了當年的建築本體，內部則注入了現代設計，此區有最有上海味道的一家星巴克、一大會址、品牌店家等。

■ **新天地南里：**以新式建築為主，石庫門為輔。幾家餐廳都兼有酒吧，入夜後還有歌手駐唱，好不熱鬧！此外，南里商場內有許多的美食餐廳：來自台灣的鼎泰豐、來自日本的%Arabica咖啡等。

■ **新天地時尚：**這是2011年開幕的購物中心，與地鐵10號線的新天地站相通。主要以個性設計潮牌店家為主，適合年輕人找尋個性商品。

一大會址

✉ 興業路76～78號

$ 憑身分證件免費入場

蠟像展示當年建黨會議實況

一大會址

中國共產黨是在上海誕生的。民國10年(1921年)中國共產黨第一次全國代表大會就是在上海這幢住宅舉行,這是典型的石庫門建築,建於1920年,是同盟會發起人李書城的家,也稱李公館,當年的會議就在此樓客廳舉辦。

單單看其外觀,青磚紅瓦、門上紅色的雕花、黝黑的深色大門及銅環,都展現了石庫門建築的特有美感。如今作為紀念館開放民眾入內參觀,你可能會發現許多的中小學生,被學校安排來此「校外教學」。內部展示了當年會議的蠟像與史料,台灣遊客或許對共產黨歷史沒興趣,不過藉此機會入內感受老石庫門建築的內部空間格局,倒是不錯的選擇。

太平橋公園

新天地的旁邊就是一大片的綠地湖景,這個太平橋公園是附近居民休閒的好去處,每逢聖誕、跨年,整個公園會被圍起來,湖上架設舞台,來自中港台三地的大咖藝人在此演出倒數,好不熱鬧!站在公園內往南看,那一區的住宅是上海最高檔的住宅之一,稱為翠湖天地,每戶都要人民幣千萬元以上。

1.Cartier旗艦店佇立整個街角／**2.**黃陂南路站周邊是商業中心

記得先逛淮海中路商業區

若你由地鐵黃陂南路站前來,不妨先逛逛出站後這一段淮海中路商業區,這裡相當於台北的忠孝東路,辦公大樓與百貨公司林立,各大國際品牌旗艦店也落戶於此。

上海市中心觀光景點
靜安寺周邊

推薦景點：靜安寺、百樂門、張愛玲故居

在上海中心城區屹立著一座千年古剎，這是相傳從三國孫吳時期就建立的廟宇，初名「滬瀆重玄寺」，到宋朝更名為「靜安寺」。其實它的原址在吳淞江畔，是南宋時嘉定年間遷到現址，也有近800年了。靜安寺的命運多舛，千年以來幾經損毀重修，到文革時期更是幾近完全焚毀；然而，現在你來到這裡，初見靜安寺你會為它雄偉的外觀所震攝，幫主06年來到上海時規模還沒有這麼龐大，近年持續地改建與新建，如今的靜安寺真的可謂氣勢恢宏，主要有大雄寶殿、天王殿、三聖殿三大主體。

靜安寺
✉ 南京西路1686號
🕐 07:30～17:00　💲 ￥50

1.靜安寺內莊嚴的宗教氛圍／2.靜安寺外有一根阿育王柱，上有四面金獅

靜安寺周邊街道圖

愚園路　張愛玲故居　常德路

百樂門

南京西路

久光百貨

靜安寺　嘉里中心

2號線　靜安寺站　芮歐百貨　安義路

南京西路

華山路　7號線

靜安寺公園

延安中路

中國的寺廟奇景

收門票：與台灣廟宇開門迎接信眾不同，中國幾乎所有的廟宇都是「景點」，所以都要收取門票。

香爐投幣：中國的信眾很有意思，凡是在廟內見到大香爐，就會用銅板去投擲，丟進香爐內就會帶來好運。

百樂門

百樂門

📮 靜安區愚園路218號

🕐 週一、三、五14:00～
00:00，週二、四、六、
日18:00～00:00

💲 午場(14:00～17:00)舞
票￥180，晚場(20:00
～00:00)舞票￥580。另
有中西式超值套餐

1.百樂門外觀已恢復1933年
的樣貌／2.樓梯兩側掛著百
樂門的歷史照片／3.舞池中
跳著交際舞的客人們

相信看過上海租界電影的人都會對「百樂門大舞廳」有印象，1932年中國商人顧聯承以白銀70萬兩建造Paramount Hall，中文諧音百樂門，從此這裡就成了名流士紳夜生活的勝地，也是夜上海紙醉金迷的代表畫面，地產大亨沙遜、喜劇泰斗卓別林、阮玲玉、徐志摩都曾前來此處享樂。

在白先勇的小說《金大班的最後一夜》中，描述了原先的百樂門頭牌舞女金兆麗，後來到台北金巴黎舞廳做舞女，在她年屆40，回憶昔日風花雪月的故事。後來被改拍成電影，從此「百樂門」深植在許多人的心中，成爲上海的代表！

想要體驗百樂門舞池的遊客，可以在午、晚場到3樓舞池，而想要熱鬧夜生活的年輕遊客，可以在晚上8點來到2樓的音樂酒吧，聽現場演唱圖個微醺！

張愛玲故居

張愛玲故居

📮 靜安區常德路195號

1.張愛玲故居目前是居民樓
不對外開放／2.公寓樓下的
咖啡店還原當年的場景

張愛玲在上海住過的「愛丁堡公寓」，現在名稱是常德公寓，地址是常德路195號，目前是居民樓，並不開放參觀，雖說如此，還是有許多張愛玲的書迷會特別跑來這裡感受一下民初女文豪曾經居住過的地方。

1943年12月《天地》月刊第3期中，張愛玲發表的《公寓生活記趣》，就是在描寫住在愛丁堡公寓內的生活：「……夏天家家戶戶都大敞著門，搬一把藤椅坐在風口裏。這邊的人在打電話，對過一家的僕歐一面熨衣裳，一面便將電話上的對白譯成了德文說給他的小主人聽。樓底下有個俄國人在那裏響亮地教日文。二樓的那位女太太和貝多芬有著不共戴天的仇恨，一捶十八敲，咬牙切齒打了他一上午；鋼琴上倚著一輛腳踏車。不知道哪一家在煨牛肉湯，又有哪一家泡了焦三仙……」

如果你也是張愛玲的書迷，到上海可以來常德公寓緬懷一下，目前公寓樓下有一家咖啡店，擺放了許多張愛玲的著作，來喝杯咖啡遙想當年女文青的生活吧！

上海市中心觀光景點
田子坊周邊

推薦景點：田子坊、陳逸飛工作室、琉璃博物館

位於泰康路的田子坊起初只是一大片的石庫門里弄建築，是上海傳統的居民生活區，狹小的里弄街道、昏黃的燈光、雞犬相聞左鄰右舍、交錯縱橫的電線布置，一派上海生活寫照。

1998年開始，第一家文化公司開幕，而後，畫家陳逸飛、攝影師爾冬強等文化藝術人士陸續進駐，漸漸地吸引越來越多文化創意產業人員加入，成了上海新興的SOHO區，將上海里弄文化與藝術創意碰撞出獨特的火花。來自海內外的報導越來越多，遊客也就越來越多，特色美食餐廳、創意小物、酒吧、創意潮流衣飾等等的店家陸續進駐，使得現在田子坊範圍比當初擴大了好幾倍，而不變的是那在阡陌縱橫的小巷裡穿梭發掘的樂趣。此外，田子坊與新天地不同，它完全是由居民區逐步演進而來，到現在都還有居民居住在其中呢！

田子坊
http www.tianzifang.cn
泰康路210弄

在馬路旁創作的彩繪藝術家

寫主帶路
遊逛有撇步

寫主的貼心提醒

一定要帶相機

來到田子坊，可以不帶錢卻不能不帶相機，這裡有許多值得拍照的地方。

Point 1
到美術館培養藝術氣質

先感受藝術文化的薰陶。主幹道上的陳逸飛工作室必看！

Point 2
穿梭巷弄發掘創意

在小小的巷弄裡穿梭，發掘每一個角落裡藏著的創意店家！

Point 3 感受當地人的生活

感覺石庫門裡上海居民的日常生活，晾曬的衣物、黑漆漆的小樓、聊天的上海老太太們……

Point 6 添購特色紀念品

買一兩件有特色的創意小物，作為紀念或是送人的手信都不賴！

Point 4 品味美食小憩一下

找一家特色咖啡店或是餐廳，感受一下在石庫門建築裡品味美食風情的滋味。

Point 7 記得拍照片留下美好的回憶

信手拈來都是非常有畫面感的照片，別忘了多拍幾張。

Point 5 到酒吧小酌微醺

在號稱全上海最小的酒吧喝一杯酒，帶著一點點微醺繼續穿梭田子坊。

Point 8 別忘了參訪琉璃博物館

出了田子坊別錯過馬路對面的「琉璃博物館」，是來自台灣的琉璃工坊所設立。

陳逸飛工作室

田子坊的崛起與知名畫家陳逸飛有絕對的關係，1998年率先改造石庫門作為工作室，逐漸吸引各類藝術家入駐，目前此工作室仍保留原貌並展出陳逸飛的作品與田子坊崛起的相關物件。

雙妹SHANGHAI VIVE

相信你一定看過民初的「美女畫報」，該店最出名的就是畫面上有兩位美女的版本，這就是早在一百年前(1898年)誕生的中國歷史上最早的化妝品品牌。在那個化妝品還是只有外國人與富豪能消費得起的年代，廣東商人馮福田成立了「廣生行」這家公司，生產國人消費得起的化妝品，產品涵蓋了保養化妝的雪花膏、豔容霜、香水，日常生活的花露水、牙膏、爽身粉等等。

1903年，廣生行在上海設立製造廠，從此這個品牌就與上海劃上了等號，然而，這個品牌已經淡出人們的視線超過半世紀，直到2010年，上海雙妹以「SHANGHAI VIVE」的名稱重出江湖，不但請來台灣蔣友柏的橙果設計操刀時尚設計，還把第一家店開在和平飯店內。

如今遊客可以在田子坊見識到這個擁有120年歷史的品牌，主打高端的新定位要價不菲，玉容霜50g要¥1,080、夜上海香水要¥680、一款香皂也要¥220呢！

琉璃博物館

由琉璃工房創辦人張毅與楊惠姍成立的琉璃博物館，就位在田子坊塊的對面，1樓是咖啡店與禮品店，2樓以上則是展示琉璃藝術品的空間，旨在推廣琉璃藝術之美，也讓大眾有更多機會體驗及欣賞琉璃藝術品的美。

陳逸飛工作室
✉ 泰康路210弄田子坊2號甲

陳逸飛工作室是田子坊最早發跡之處

雙妹SHANGHAI VIVE
✉ 泰康路210弄3號

1.田子坊店是目前上海唯一的店面／2.室內空間，看到單價會讓你嚇一跳／3.百年品牌全新面貌

琉璃博物館
✉ 盧灣區泰康路25號
📞 (021)6467-2268
🕐 10:00～17:00
🚫 週一
💲 ￥50

上海市中心觀光景點
徐家匯周邊

推薦景點：徐家匯天主堂、小紅樓、眾多百貨商城

從地名到內涵都圍繞著徐光啟

徐家匯這個地名本身與明代的文淵閣大學士徐光啟有關，他也是一名科學家，逝世後葬於此處，如果你有興趣多認識此人生平，那麼不妨同時參訪其墓與紀念館。

徐光啟墓位在一座公園內

紀念館展出其生平

明朝大科學家徐光啟曾經在此地建農莊別業，從事農業實驗與研究，徐氏後人也群聚生衍，徐氏家族的後代匯居於此，在清康熙年間正式得名「徐家匯」。在地理上，徐家匯也是蒲匯塘、肇嘉浜、李漎涇三水會合之處。1847年，天主教在徐家匯建立了耶穌會學院，延續徐光啟、利瑪竇推動的西學東漸、中學西傳工作，從此徐家匯成為在科學、科技、文化教育等方面的重鎮。

徐家匯周邊街道圖

廣元西路　匯銀廣場　天平路　小紅樓
恭城路　華山路　衡山坊　徐家匯公園
徐家匯站　衡山路　肇嘉濱路
9號線　港匯廣場　1號線　匯金百貨
徐家匯站
虹橋路　11號線　美羅城
徐匯中學　太平洋數碼　辛耕路
漕溪北路　天鑰橋路
徐家匯天主堂　百腦匯
徐家匯書院
徐光啟墓、紀念館　南丹東路
南丹路　往山土灣博物館

徐家匯天主堂

天主堂是徐家匯地標建築，不但是偶像劇《命中注定我愛你》的取景地，更是在鴉片戰爭之後，上海的第一座天主教堂。始建於清光緒31年(1905年)，宣統2年建成，莊嚴且神聖的雙塔造型非常吸引目光，不愧有「遠東第一大教堂」的稱號。現在的天主堂已經是上海拍婚紗的首選之地，隨時都能看到新人們在這裡拍攝照片。

氣度恢宏的天主教堂

徐家匯天主堂
✉ 徐家匯蒲西路158號
➡ 地鐵徐家匯站3號出口
🕐 週一～六09:00～16:00，
週日14:00～16:00

徐家匯書院
🕐 週二～日09:00～17:00

徐家匯書院

徐家匯書院你一定要去參觀，堪稱上海最美圖書館之一，就在地標級天主堂旁邊，由大衛奇普菲爾德（David Chipperfield）建築事務所設計，外立面用上了混合石材骨料的預製混凝土，烘托徐家匯天主堂的紅色磚牆。不但內部設計感十足，同時也是網美打卡點。來比較看看設計、閱讀風氣、空間規畫、藏書內容、市民參與，感受上海書卷氣息！

室內設計規畫同樣精采，吸引眼球

小紅樓(百代公司舊址)

當地人稱為小紅樓的這棟紅色建築，位在徐家匯公園內，是昔日中國第一家唱片公司百代公司的舊址，大有名氣的周璇、白光都曾在此留下美妙的音樂。據悉，中國的國歌最早也是在此錄製，裡面目前保有當年的一些設備與老唱片展示。

目前1樓是小紅樓La Villa Rouge，主打西班牙菜系料理，招牌菜為特色紅樓溫泉蛋、西班牙海鮮飯、銀鱈魚等等。對於遊客來說，更建議下午時分來喝個下午茶，栗子熔岩蛋糕搭配一杯咖啡，就能在最有味道的小紅樓裡，舒服地享受午後時光！

小紅樓
✉ 徐匯區衡山路811號，徐家匯公園內

目前是高級餐廳的小紅樓

幫主帶路 遊逛有撇步

知道徐家匯地名與徐光啟有關,那麼圍繞這個主題,幫主來深入介紹一些值得探訪的景點:

Point 1 徐光啟墓

徐光啟墓位在光啟公園內,始建於明崇禎十四年,共有 10 個墓穴,葬有徐光啟、夫人吳氏及孫輩,現場有牌坊、石羊、石虎、十字架等建物。

Point 2 徐光啟紀念館

徐光啟紀念館就位在徐光啟墓的旁邊,裡面介紹徐光啟的生平、他與上海的關係、以及其科學成就、歷史影響等內容。

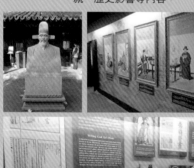

Point 3 徐匯公學

台灣有徐匯中學,其前身就是上海的徐匯公學,創立於 1850 年 (清道光 30 年),是天主教在上海最早開辦的洋學堂。

Point 4 山土灣博物館

這是一間冷門的博物館,位於蒲匯塘路 55 號,前身是一座孤兒院,有西洋傳教士在這裡教育孤兒藝術與手藝,展出內容見證了徐家匯在藝術方面的演進歷程。

Point 5 徐家匯書院

在前頁已介紹過書院,要特別提醒大家留意這裡有展出由徐光啟、湯若望出品的《赤道南北兩總星圖》,是目前傳世最早的中文全天星圖,很值得一看。

上海市中心觀光景點
陸家嘴周邊

推薦景點：東方明珠塔、金茂大廈、環球金融中心、濱江大道、上海中心大廈

當你站在外灘觀賞萬國建築博覽的同時，一定也注意到了黃浦江對岸那片現代高樓群，這裡就是上海的金融重鎮陸家嘴。一定無法想像1990年的時候這裡還是一片荒煙蔓草，當上海喊出國際金融中心的目標後，短短10年整個陸家嘴就變了一個樣貌。

如今的陸家嘴是世界上摩天高樓密度最大的地區之一，各國的金融銀行產業都在此設立據點，在這裡你可以明顯地感受到中國的競爭力與國際化。

對於遊客來說，本站有上海四大高樓：上海中心大廈、東方明珠、金茂大廈、環球金融中心，都可以登高欣賞上海美景，還有海洋水族館可以見識亞洲最長的海底觀光隧道，逛街購物則有正大廣場、國金中心等大型商城。

版主的貼心提醒 觀光注意事項

搭計程車請至候車區：此地搭乘計程車有時會遭遇不跳表只喊價的司機，建議要搭計程車就走到正大廣場門口的排隊候車區，車多且有秩序。

環球金融中心眺望上海畫面（徐瑾燕提供）

1.1990年的陸家嘴(網路資料照)／2.現在的陸家嘴

上海環球金融中心

httpwww.swfc-observatory.com

浦東世紀大道100號(觀光廳入口位於東泰路)

4001-100-555

09:00～22:30
(21:30停止售票)

￥120 (94樓)
￥180 (94+97+100樓)

上海環球金融中心

上海環球金融中心有「滬上第一高度」之稱，2008年落成，高度492公尺、共100層，租戶以世界五百大企業為主，其中，94～100樓是觀光廳，開放提供遊客參觀。

幫主帶路
遊逛有撇步

Point 1
搭電梯也能體驗快感

等待電梯時可以看到巨型數字顯示目前的電梯樓層，上樓電梯耗時僅 66 秒。

Point 2
以透明玻璃打造、坐擁世界級高度的 100 樓

100 樓，高度達到 474 公尺，長廊中央有透明玻璃，踩在上面絕對一身冷汗。

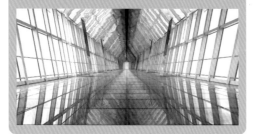

Point 3
觀光天橋，俯瞰視野

高度 439 公尺的觀光天橋，上方的玻璃頂棚是開放的。

上海中心大廈

上海中心大廈，以獨特的「螺旋上升曲線」設計，地上127層，地下5層，總高度632公尺。目前是中國第一、世界第二高樓。

除了突出的造型之外，特別值得一提的是，它還擁有世界上最快的電梯，最高速達每秒18公尺，雖然我們要去的118層觀光廳，離地高度有546公尺，這電梯卻只要55秒就能將你送達！從上海最高建築欣賞到的美景角度與視野範圍當然也是最美好的，有興趣的遊客不可錯過！

玩樂篇

東方明珠塔

東方明珠塔是一座廣播電視塔，也是上海的標誌性地標之一，高度達470公尺，是亞洲第四、世界第六高的電視塔。它同時兼具了廣播電視訊號發送、娛樂、旅遊的功能，有人說：「來到上海沒上過東方明珠塔，就等於沒有來過上海。」

東方明珠塔分為下球體、中球體與太空艙，遊客可以購買不同等級的票價參觀不同的樓層。沒有登塔需求的遊客，也可以選擇位在1樓的「上海城市發展歷史陳列館」票價僅￥35，以多媒體、實境蠟像、照片等方式呈現上海的發展，很值得一看！

參觀票券種類一覽表

票券內容	票價
二球聯票	￥199
浦江遊覽＋二球聯票	￥279
旋轉餐廳＋二球聯票	￥368
歡樂餐廳＋二球聯票	￥358
上海城市歷史發展陳列館	￥35

上海中心大廈
✉ 上海市浦東新區陸家嘴銀城中路501號
☎ (021)3383-1088
💲 ￥180

東方明珠塔
✉ 浦東世紀大道1號
☎ (021)5879-1888
掃碼優惠預訂

1.全透明的玻璃平台真刺激／2.樓上有間旋轉餐廳／3.景觀台上的眾多遊客／4.東方明珠塔

金茂大廈
✉ 浦東區世紀大道88號

1.金茂大廈同樣高聳入雲 /
2.56樓的天庭Patio有超高
天井奇觀 / 3.濱江大道遙望
對岸外灘建築有另一番美感

金茂大廈

金茂大廈，樓高420公尺，曾經是中國第一高樓，共有88層，目前內部有五星級酒店、商場、酒吧、觀光廳等等設施。靠近金茂大廈觀賞外觀的細節，如同竹節一般節節高升，特殊的金屬質感與塔頂造型，也如同中國的寶塔一般佇立於陸家嘴。

觀光廳位於88樓，門票價格￥120。這棟建築內也有高空美食餐廳，例如87樓的九重天Cloud 9，可以居高臨下邊賞景邊用餐；56樓的天庭Patio咖啡廳，主打下午茶，雖然沒有窗景，卻擁有超高天井奇觀，一抬頭就是近30層高的視覺震撼，值得來看看。

濱江大道

在陸家嘴臨黃浦江側，開闢了一條濱江大道，與對面外灘的萬國建築博覽隔江相望，從濱江的這一面看外灘建築會，視野更開闊，有另外一種不同的感覺。臨江的步道旁也開設了許多休憩的美食咖啡店：星巴克、Häagen-Dazs冰淇淋、寶萊納餐廳等等，走累了不妨停下腳步，找個有View的靠窗位置，靜靜的看著江面往來的船隻發呆，這份閒情可不是金錢能夠衡量的！

玩樂篇

上海市中心觀光景點
交通大學周邊

推薦景點：諾曼底公寓、宋慶齡故居、老房子藝術中心、巴金故居、密丹公寓

交通大學站周邊的特色景點主要是名人故居與租界風情，像是宋慶齡故居、諾曼底公寓、武康路沿線的老洋房等等，非常值得花一整個下午來漫步享受。

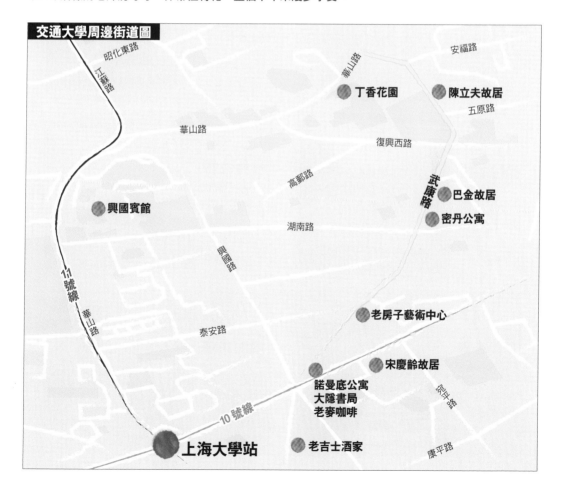

交通大學周邊街道圖

昭化東路　　　　　　　　　　　　　　安福路

江蘇路

華山路　　　　丁香花園　　　陳立夫故居

五原路

華山路

復興西路

高郵路　　　　　　武康路　巴金故居

興國賓館　　　　　　　　　　密丹公寓

湖南路

興國路

11號線　華山路

泰安路　　　　　老房子藝術中心

宋慶齡故居

諾曼底公寓
大隱書局　　　　　　宛平路
老麥咖啡

10號線

上海大學站　　老吉士酒家　　　康平路

宋慶齡故居
- ✉ 淮海中路1843號
- 🕐 09:00～16:30
- 💲 ￥20

幫主帶路
遊逛有撇步

宋慶齡故居

上海各時期名人故居超過600處，列為文物保護的有28處，但是，在這麼多的名人故居之中，我最推薦必去的就屬「宋慶齡故居」了。她在此地居住了30年，接見過國內外重要賓客無數，所有的建築、車輛、家具、文物保存完善，當然也包括當年與孫中山先生結婚時的家具嫁妝。此處會有專人導覽解說。

Point 1 找到入口

故居的入口位在淮海路上，斜對面就是知名的諾曼底公寓。

Point 2 前往故居

故居的前身是船大王的家，造型上也以船為主體設計。（圖片提供／宋慶齡故居）

Point 3 參觀車庫

車庫內還停放著當年宋慶齡的座車，保存狀態良好。

Point 4 參觀臥室

臥室內的家具都是當年的嫁妝。（圖片提供／宋慶齡故居）

Point 5 參觀客廳

在這個客廳宋慶齡接待過國內外無數的重要人物。（圖片提供／宋慶齡故居）

Point 6 參觀花園

後院有大片花園，其中幾棵百年香樟，更是難得。（圖片提供／宋慶齡故居）

諾曼底公寓

諾曼底公寓也稱武康大廈，坐落於5條馬路的交會口（淮海、天平、興國、武康、餘慶），對面就是宋慶齡故居。這棟大樓建成於1924年，是匈牙利大師鄔達克的經典作品之一，紅磚外牆與仿自法國戰艦「諾曼底號」的外觀，非常吸引人的目光。從這裡剛好是武康路的起點，可以銜接武康路老洋房散步之旅喔！（詳見P.118）

戰艦造型的諾曼底公寓特色突出

老吉士酒家

要說到吃上海道地本幫菜，雖然有很多選擇，但是如果要論經典，就不能不提到「老吉士酒家」了。這是一家小小的店面，低調的位在天平路上，別看它沒有華麗的門面，店內空間也很侷促，這可是明星出現率最高的餐廳，如果沒事先訂位鐵定吃不到喔！

小小店面卻是全上海最知名的本幫菜餐廳

老房子藝術中心

武康可以說是上海老房子數量最多的一條馬路，因此上海旅遊局在這裡設立了老房子藝術中心，來導覽並介紹徐匯區的老洋房之美。事實上這個地址本身就是八指將軍黃興的故居，在內部展示了許多上海知名老房子，還有不少旅遊資訊小冊可以免費取用。每月第一個週六的下午更有專人帶隊進行周邊老房子的參訪喔！

諾曼底公寓
✉ 徐匯區淮海中路1842～1858號

老吉士酒家
✉ 天平路41號
☎ (021)6282-9260
$ 人均消費￥130

老房子藝術中心
✉ 徐匯區武康路393號甲
☎ (021)6433-5000
🕐 09:00～17:00

1.老房子藝術中心外觀／2.內部的展出空間／3.上海知名老房子模型(這個是黑石大樓)

上海市中心觀光景點
創意園區

推薦景點：1933老場坊、莫干山路50號、上海當代藝術博物館

1933老場坊
✉ 虹口區沙涇路10號

1.志玲姐姐演出的電影《101次求婚》就是在這裡取景／2.販售鐵皮玩具的特色店家／3.頂層是圓頂與透明強化玻璃的鏤空設計／4.1樓還有牛的「禁閉室」，這……什麼情況／5.建築內部如同迷宮一般錯綜複雜，其實這是牛道／6.1933老火車頭停在大樓外的廣場上

上海有許多創意園區，它們有著共同的特色，都是具有歷史意義的老廠房所改建，重新賦予新的生命力與藝術創意，我非常推薦遊客安排時間前往，不但免費，還能欣賞老建築與藝術，一舉多得的行程！

1933老場坊

上海1933老場坊是一個上海老建築賦予新生命案例，它過去是「上海工部局屠牲場」，就是殺牛的地方啦，是由英國設計師巴爾佛斯在1933年設計建成，據悉這棟建築當年花了白銀330多萬，牆體厚達50公分，內部還中空來取得溫度控制的效果。

玩樂篇

莫干山路50號

蘇州河畔的這一大塊老廠房以前是「上海春明粗紡場」，到了2004年變成「春明藝術產業園」，2005年正式命名為「M50創意園」。這一大片的廠房被許許多多的藝術家與設計公司進駐，每一位藝術家在屬於他的空間裡展出作品，不論你何時來，都會有展覽可以看。

你可以在舊廠房的範圍內自由穿梭，看看每一處廠房大鐵門後是否有藝術家在此展出，這種新舊融合的感覺，很有台灣松山菸廠文創區的味道，值得你來品味一下。

莫干山路50號
✉ 莫干山路50號

1. 老廠房的的煙囪也依舊保留／**2.** 不定期的各類藝術展出／**3.** 造型獨特的天安千樹就在附近，可以順遊

上海當代藝術博物館

在黃浦江畔有個大煙囪，非常的醒目，這個建築物的前身是始建於1897年的「南市發電廠」，是一座鋼筋混凝土結構的工業建築，屹立在黃浦江畔，為中國近代工業貢獻過重要的心力。在上海世博會期間它是「城市未來館」。經過相當時間的內部整理，如今它化身為「上海當代藝術博物館」與「中華藝術宮」，共同扛起了上海美術藝術展覽的大旗。

來到這裡不但可以欣賞現代藝術的展出，同時還可以感受到原來發電廠建築結構的變化，加上臨江的觀景平台，這是一個非常值得一遊的藝術博物館。

上海當代藝術博物館
🌐 www.powerstationofart.com
✉ 上海市黃浦區花園港路200號
☎ (021)3110-8550
➡ 最近地鐵站：4號線西藏南路站
🕐 週二～日11:00～19:00（18:00停止入場）

1. 當年發電廠的機組也留下來了／**2.** 這個大煙囪就是藝術博物館所在／**3.** 展出內容以現代前衛藝術為主

上海郊區必遊景點
七寶古鎮

推薦景點：古鎮美食、說書、天主堂

江南有許多的水鄉、古鎮，雖都是熱門旅遊景點，但對於時間不多的遊客來說，無法安排一天的水鄉古鎮之旅。而這個七寶古鎮因地鐵方便到達，可滿足想要體驗古鎮風情的遊客。有這麼一句話形容：「十年上海看浦東、百年上海看外灘、千年上海看七寶」。七寶歷史最早可推到後漢時期，其名稱的由來的民間說法是此地有7件寶物：飛來佛、氽來鐘、金字蓮花經、神樹、金雞、玉斧、玉筷。如今的七寶已是遊客遊老街、嘗美食的特色景點。

幫主帶路
遊逛有撇步

P_{oint} 1 找到入口
七寶古鎮老街入口處有一座大牌坊。

P_{oint} 2 沿小街慢慢走
沿著小街道前行，一路上可都是慕名前來的遊客。

P_{oint} 3 擺Pose拍美照
這裡也有水鄉美景，找個好角度拍拍照片吧！

P_{oint} 4 美食小吃別錯過
老街兩側有許多當地小吃，一定要試試！

P_{oint} 5 古鎮聽說書
七寶茶館20塊錢就能沏上一壺茶，端坐聽說書。

P_{oint} 6 順遊天主堂
許多人都不知道，在七寶還有一座天主堂，始建於1867年(清同治年間)，建議可以也一併晃晃。(✉ 七寶南街 50 號)

玩樂篇

七寶古鎮必吃特色美食

七寶古鎮也有點像是現在台灣的九份，除了欣賞古鎮的美之外，最重要的就是一定要吃！以下你幫主來介紹必試的美食！

龍袍蟹黃湯包

龍袍蟹黃湯包有超過百年歷史，其實這個「龍袍」是南京的地名，相傳乾隆下江南時經過南京龍袍，品嘗當地的蟹黃湯包後大讚其美味，之後龍袍的蟹黃湯包名聲就不脛而走。

採用了母蟹的蟹肉、蟹黃，與豬肉打漿及調料一起包裹而成，特色是湯汁濃郁，蟹黃的濃醇與豬肉融合，輕咬一口品其湯汁，然後再整顆入口，口中滿是鮮甜美味。

1.必試的龍袍湯包／2.皮薄餡實，唇齒留香／3.瞧瞧內容，很實在很美味，配合薑絲入口最棒

老街湯團

老街裡有很多家湯團店，其實就是我們說的湯圓啦，每一家都弄得古色古香，夥計還穿上店小

二的服飾，要把氣氛還原到千年之前。一大鍋的湯團，看得讓人心癢癢；這裡的湯團也有多種口味，豆沙、芝麻、棗泥、薺菜、酒釀等等，今天來試試傳統的芝麻口味吧！整個外皮厚實軟Q，中間的芝麻在一口咬下後緩緩流瀉出來，真好吃啊！

一鍋熱騰騰的湯團，柔軟中包裹著好味道

老街臭豆腐

在南大街巷底處有一攤臭豆腐，經過時就能聞到飄來的香味，而且排隊的人潮不斷，炸得酥脆的臭豆腐，配上醬汁趁熱吃又臭又過癮，只不過這裡沒座位必須拿著吃，而且那油似乎炸了一整天也沒換新。

永遠都有大量排隊人潮的臭豆腐店

幫主的貼心提醒　雜耍表演請勿圍觀

從地鐵站出來開始到七寶古鎮內，各種形式的乞討。旅遊意外要交通費的、用粉筆寫字乞討的、自行車巡遊中國求路費的、抱小孩的、趴地上的……簡直令人大開眼界！現在還有新花樣，帶著猴子雜耍表演要錢的，請不要靠近圍觀，另外會有一人向群眾討賞，如果不給，怒目衝你抱手拱拳，不給都不行，請避免觀望。

上海郊區必遊景點
朱家角

推薦景點：創意店家、大清郵局、古鎮遊船、特色美食

省錢小祕招

幫主透露一個大絕招，如果你只是想來看看風景拍拍照，一個景區都不想進去，那就……大搖大擺地走進古鎮看看就好！完全不用花錢！

朱家角交通

➡ **方法1**：在普安路搭乘「滬朱高速快線」前往，車資￥12。(由8號線的大世界站3號出口出站，前行5分鐘右轉普安路即是公車總站)

車程約1小時，到達朱家角汽車站，跟著指標走就可以到達古鎮入口。

➡ **方法2**：地鐵17號線開通有了「朱家角站」，起點是「虹橋火車站」，搭乘11站就到朱家角站，出站後依指示轉搭公車10分鐘就抵達囉！

上海周邊有許多的水鄉古鎮：周庄、烏鎮、同里、南潯、甪直、西塘，每一個都充滿古意、小橋流水，有意境極了！這些古鎮你都可以在上海旅遊集散中心購買含有車資、導遊、門票的聯票，方便前往。然而，距離上海比較近且具有旅遊價值的水鄉，幫主會推薦「朱家角」，歷史最早可以推到1700年前的三國。目前朱家角是國家4A級景點，曾被選為「中國最值得外國人去的50個地方」之一。

在古鎮入口處可購買朱家角景點聯票，票價￥80，包含以下景點：課植園、和心園、全華水彩藝術館、鶴龍美術館、上海手工藝朱家角展示館、城隍廟、圓津禪院。

▲ 掃碼線上預訂

上海朱家角交通地圖

延安東路

8號線

大世界站

公車

金陵中路

龍門路

柳林路

創意店、咖啡店

古鎮的風韻猶存，青石板地與明清建築形式，特有古意。而目前不少小街道內，入駐的卻是小清新的創意店或是咖啡店，反而有一種廈門鼓浪嶼或是台灣九份的感覺。

大清郵局

成立於1903年的郵局，裡面介紹了中國郵政（驛站）的發展故事，其實是我很喜歡的一個景點，你也可以在這裡寄張明信片回台灣。可以跟1樓櫃檯買郵票（￥2），郵筒就在郵局門口。

古鎮遊船

來到水鄉古鎮沒有搭個遊船就真的少了點什麼，如果想要體驗古鎮的手搖船，一船的價格為￥200～300，可乘坐6人，你可以在船碼頭與其他遊客拼船，分攤下來只要￥35就搞定囉。

1.輕鬆漫步在青石小巷，很棒的感覺／2.江南現存最老的郵局喔／3.來到水鄉古鎮不乘船就辜負這美景啦

樓主的貼心提醒 **點香、抽籤建議別參與**

城隍廟內不論是點香、抽籤都會要求遊客捐善款，建議不要參與，純粹參觀就好。

朱家角特色美食

古鎮上有許多好吃的，而其中「阿婆粽子」是其中一絕，家家戶戶還真的都有位阿婆，努力地包著粽子呢！至於午餐，你可以在鎮上找個臨河的餐廳吃飯，這裡的餐廳價格都算是合理，沒有宰客的情況。可以在用餐時點個「扎肉」試試，也是當地特色。

朱家角特色菜之一的扎肉

老洋房散步街道大蒐羅

特色氣質小路，感受濃濃的法式風情

上海郵政博物館
許氏

散步路線 1

漫步蘇州河
河畔漫步巧遇經典建築

如何前往：遊客可以選擇由外灘外白渡橋出發，一路沿著蘇州河逛到8、12號線曲阜路站

上海為什麼有「蘇州河」？其實它的正式名稱叫作「吳淞江」，但是進入上海市區的這一段卻被稱為蘇州河，原因是上海開埠之後，外國人沿河而上，發現可以直達蘇州府城，它的發源在蘇州太湖瓜涇口，一路綿延125公里，穿越大半個上海，直至外灘與黃浦江交會。眾所皆知的「外白渡橋」就是橫跨在蘇州河之上。

這段路線串起許多知名景點，精采又有歷史感，大家熟悉的外白渡橋，橋對面的中國證券博物館(舊稱禮查飯店)，中國最早的電燈、自來水、電話、有聲電影等，都自這裡啟動。上海郵政博物館則是在1924年建成，是上海十大建築之一，內容也很精采！一路走到四行倉庫，可以感受八百壯士當年的英勇事蹟，最後到大悅城看看摩天輪，結束一趟穿越時空的漫步旅程！

1.上海郵政博物館建築雄偉／2.郵政博物館內的大堂氣勢非凡／3.大悅城有浪漫的摩天輪／4.天氣好的時候，沿著蘇州河漫步很有意思

5.禮查飯店3樓中庭很美／6.禮查飯店內部有展示走廊，述說它的歷史／7.連愛因斯坦都住過這裡／8.四行倉庫博物館還原了當年慘烈的牆體／9.彷彿處在死守倉庫的現場／10.謝晉元令人動容的家書

散步路線 **2**

思南路
在洋房中品味悠閒恢意

如何前往：地鐵13號線淮海中路站1號出口對面；或地鐵1、10號線陝西南路站4號口出站，沿淮海路直行10分鐘到達思南路口

　　思南路修建於1912年，當年公董局為紀念法國知名音樂家辭世，便以其命名為馬斯南路，也就是現今充滿花園洋房的思南路，是上海歷史風貌保護區之一。漫步之旅可從淮海路思南路口開始，一路上有孫中山故居、73號的周恩來故居、87號的梅蘭芳故居等，走到復興中路交會口則是一大片的洋房群，稱為「思南公館」，這裡目前形成了上海新興的高檔休閒娛樂區塊，美食餐廳入駐，不論是來此用餐或是單純散步拍照都非常恢意！

前段的思南路上也有知名的餐廳與咖啡店：當地的阿娘麵店、香港的查餐廳、古董花園等，都值得一試。

1.周公館曾是共產黨駐滬辦事處／2.相接的皋蘭路上有個東正教堂／3.思南公館的老建築很有味道／4.思南路上的古董花園是上海10大小資咖啡店之一

思南路散步街道圖

淮海中路站

1號線

淮海中路

思南路

南昌路

13號線

10號線

阿娘麵店

東正教堂

皋蘭路

古董花園

孫中山故居

瑞金二路

香山路

復興中路

周公館

思南公館

思南路

玩樂篇

散步路線 **3**

戀愛一條街
午後的浪漫法式租界風情

如何前往：地鐵1、7號線的常熟路站4號口出站，直行到路口左轉再步行5分鐘即達桃江路

東平路與桃江路是兩條短短的馬路，但是卻有著滿滿的租界風情，被當地人稱為浪漫的戀愛一條街。2條馬路首尾相接，恰好形成一個圈，其中在衡山路西這一段的桃江路還特別鋪上了老上海特有的「彈格路面」，讓整個的氛圍更加美好。漫步此處只需要花費半個小時的時間，你不但可以經過色戒取景的老洋房，還可以看到蔣介石的愛廬、宋子文的故居，當然，特色的咖啡店也少不了，絕對值得花點時間來走走！

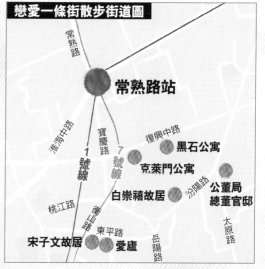

除了戀愛一條街之外，緊鄰周邊也非常有看頭，滿是梧桐樹的衡山路、有著白崇禧故居與公董局總董官邸的汾陽路等等，建議安排在一起，讓這個午後的漫步時分充滿法租界的美好回憶！

1.一尺花園是間咖啡店／2.白崇禧將軍故居／3.宋子文故居／4.有小白宮之稱的公董局總董官邸／5.入鏡《色戒》的老房子群

戀愛一條街散步街道圖

常熟路站

1號線　7號線

常熟路　寶慶路　淮海中路

復興中路

黑石公寓
克萊門公寓
白崇禧故居　汾陽路
公董局總董官邸

桃江路　衡山路　東平路　岳陽路　太原路

宋子文故居　愛廬

散步路線 4

多倫路文化名人街
文人墨客駐足的氣質小街道

如何前往：地鐵3號線的東寶興路站1號口出站直行過馬路後右轉沿海倫西路直行到東橫浜路左轉直行10分鐘

多倫路文化名人街大約500公尺左右，並不算長，但是這一條馬路卻是民初匯聚了許多文人墨客的地方，像是魯迅、瞿秋白、郭沫若、茅盾等人，於是這裡名聲不脛而走。如今的文化名人街鋪上了老上海的彈格路面，道路兩側還有民初文人的雕像，希望將氛圍定格在二三十年代的上海。

跟著達人這樣走

Point 1 鴻德堂

雖說是基督教堂，卻散發著濃郁的中國建築特色，飛簷青磚與紅柱，顯示出了中西文化合璧的完美結合，建築於 1925 年，是多倫路上的地標建築之一。

Point 2 夕拾鐘樓

位在多倫路轉角處的鐘樓高 18.15 公尺，以魯迅的著作《朝花夕拾》來命名，在黃昏時刻鐘聲響起，迴盪在整條多倫路，非常有感覺喔。

Point 3 四大公館

多倫路上散落著許多知名宅邸，路口一棟伊斯蘭風格的建築是民初四大家族孔家所有，2023 弄內則有湯恩伯的故居，210 號是白崇禧故居，66 號是薛公館。

Point 4 老電影咖啡館

一棟小洋樓，門口有著卓別林的銅像與早期電影畫報，這裡就是老電影咖啡館，館內有許多老物件與文物的展示，如放映機、電影海報等等，不定期還有電影欣賞的活動，走累了停下來歇歇腿、喝杯咖啡挺不錯。

玩樂篇

多倫路文化名人街散步街道圖

甜愛路

東江灣路

● 孔公館

中國左翼作家聯盟
成立大會會址
● 白公館   ● 湯公館

寶山路

景雲里 ●

多倫路名人街

四川北路

博古齋 ●

老電影咖啡館 ●

夕拾鐘樓 ●   ● 薛公館

3
號
線

橫濱路

● 鴻德堂   ● 多倫現代
美術館

● 東寶興路站

海倫西路

東寶興路

● 巴黎春天百貨

寶源路

四川北路

Point 5 大上海

這是一家古董店,店內的陳設非常的隨性,甚至有點混亂的感覺,不過它的收藏品也真是無所不包,從明信片、畫報到消防局的器材都有,好像進了一個小小博物館一般,經過的時候進來看看喔。

1.處處都有民初文人雕像/2.鴻德堂與其說是教堂,反而更像宮殿呢/3.轉角處的夕拾鐘樓/4.孔家公館氣勢不同凡響,可以想見當年之富饒/5.如今的多倫路保有民居特色/6.老電影咖啡館,卓別林邀你入座/7.白公館現在是軍醫院/8.走進多倫路,看看大上海/9.雜亂放置的各類型收藏品

散步路線
5

長春路、
甜愛路

最浪漫的散步馬路

如何前往：延續前頁的文化名人街，多倫路、四川北路口往北走到長春路口就是起點。

　　上海市區大多屬法租界，接下來幫主要帶大家去到日租界(虹口區)，感受不一樣的風情！這條路線可說是文化名人街的「延長版」，所以可以搭配散步路線4(P.112)一起遊逛，如果你逛完多倫路還有體力，就走走幫主開發出來的浪漫路線吧！

長春路、甜愛路散步街道圖

甜愛路

愛心郵筒

東江灣路

多倫路

魯迅與內山紀念書局

起點　長春公寓

長春路

溧陽小區

四川北路

1、2.魯迅與內山紀念書局是當年魯迅常來的書局／3.甜愛路上有著一整段的塗鴉牆

Point 1　長春路老建築

　　由文化名人街走到長春路口，轉進長春路立刻就很有畫面感，因為道路兩旁的建築都很有特色，這條僅有 112 公尺的短小馬路，右側是有著英國風格的清水磚牆建築「沙遜樓群」，而左手邊，則是另外一種風格的建築，稱為「長春公寓」。

Point 2　溧陽小區

　　這個小區的老房子有種滄桑的美感，好愛那斑駁的感覺，帶出另一種意境。尤其在秋天，特別有意境，各種蕭瑟感，畫面隨便抓拍，怎樣都美！

Point 3　溧陽路

　　走出小區之後，接上溧陽路往回走，也是美得令人屏息：在溧陽路上老房子群的圍牆上，還有過去的歷史介紹，特別是名人的生平與故居。沿著這條路我們要一路走到甜愛路去。

Point 4　甜愛路

　　光聽名稱就讓人有戀愛的感覺了，甜愛路因為名稱太浪漫，變成上海情侶最愛來漫步的馬路，在起點這端，有個「愛心郵筒」，可以在這裡寄信。

　　這條不寬的小馬路簡單而低調，有別於市區都是梧桐樹，甜愛路兩側是高聳的水杉，一絲一毫都是恬靜的美，帶著心愛的人來散步聊聊天，確實浪漫！走到底的路口處，還有一家以愛為名的咖啡店，想要歇歇腿的人可以休息一下喝個咖啡。

4.沙遜樓群很有畫面感／5.小區內的老洋房／6.秋天的溧陽路／7.甜愛路上充滿著愛情小品文／8.浪漫的甜愛路／9.甜愛路上的愛心郵筒

散步路線 **6**

如何前往：從地鐵12號線
提籃橋站出發

提籃橋
歷史、監獄、渡輪一次擁有

幫主再送上一條特殊的散步路線！一路上不但有歷史、有監獄、有咖啡，還帶你搭船橫渡黃浦江！同時給你不同以往的江景角度！

提籃橋散步街道圖

- 昆明路
- 舟山路
- 長陽路
- 提籃橋監獄
- 猶太難民收容所舊址
- 起點
- 白馬咖啡廳
- 東長治路
- 海門路
- 猶太難民紀念館
- 美國前財政部長舊居
- 霍山路
- 遠東反戰大會舊址
- 霍山公園
- 羅伊屋頂花園舊址
- 提籃橋站
- 公平路
- 東大名路
- 惠民路
- 海平路
- 公平路渡輪站

1.白馬咖啡廳／**2.**來自全世界的遊客見證猶太在上海的歷史／**3.**猶太難民博物館內展示當年難民的困苦／**4.**搭渡輪還能見到上海W Hotel

玩樂篇

Point 1　猶太難民紀念館

從地鐵 12 號線提籃橋站出發，先去「猶太難民紀念館」了解一下這區在當年猶太難民聚集的歷史背景，這是個充滿租界時期難民故事的區域，紀念館的票券會附贈對面白馬咖啡廳的咖啡唷！

Point 2　提籃橋監獄

接著，過馬路斜對面就是提籃橋監獄。這個監獄始建於 1901 年，於 1903 年 5 月啟用，在當時比印度的孟買監獄、日本的巢鴨監獄還大，因此有「遠東第一監獄」之稱！

Point 3　舟山路

接下來，可以先去白馬咖啡廳把剛剛猶太難民紀念館門票附贈的咖啡喝掉，休息一下後，我們從猶太難民紀念館旁邊的舟山路走進去，這一區的建築建於 1910 年，是近代外廊式建築風格，二戰時期，大量的猶太難民居住於此，其中也包括了後來成為美國財政部長的布魯門薩爾的舊居。

然後，我們轉向霍山路。

Point 4　羅伊屋頂花園舊址

位在霍山路 57 號，是一棟 1928 年建造的裝飾藝術風格建物，這裡曾經是「百老匯大戲院」，二戰期間避難的猶太難民租下屋頂作為社交聚會之用，每個下午都能聽到爵士樂，猶太人在此品茗或翩翩起舞，這是他們避難生活時期的重要休憩場所。

這一整圈路線基本上算是結束了，步行的範圍不多，卻可以看到很多內容，腿痠的人可以走原路回到地鐵站，由於這裡距離「公平路輪渡站」不遠，因此推薦大家順路步行過去，搭船到外灘，下了船再銜接陸家嘴的行程。

5.猶太難民紀念館內容豐富，故事令人動容／6.在提籃橋監獄請低調，這裡是有武警看守的／7.舟山路當年全是猶太難民聚集／8.羅伊屋頂花園／9.在夕陽的陪伴下搭渡輪去對面的陸家嘴吧

散步路線 **7**

武康路
漫步梧桐樹下的美好時光

如何前往：地鐵10、11號線的交通大學站1號口出站，沿著淮海路走到武康路口開啟漫步之旅

　　武康路，租界時代稱做「福開森路」(以美國傳教士命名)，光緒33年(1907年)修築，與周邊的湖南路、復興西路一帶組成了當年法租界特色建築區，歷史建築的數量幾乎是上海之冠，為此上海旅遊局特別設立了「老房子藝術中心」進行介紹與導覽，這一路走下來，保證讓你身心舒暢，看夠上海老洋房！

　　建議保留一個下午時分，先參觀完淮海路上的宋慶齡故居之後，再開始慢慢散步於武康路，享受上海梧桐樹下的美好時刻。

跟著達人這樣走　**地圖請參見P.99**

Point 1 諾曼底公寓

　　武康路起點處就是鄔達克大師的經典建築「諾曼底公寓」，外觀仿造法國戰艦，氣勢非凡。

Point 2 大隱書局

　　這是一間很有味道的書店，也算是網紅等級的，結合了傳統設計與茶道文化，並販售「武康大樓雪糕」，有興趣可以試試喔！

Point 3 老房子藝術中心

　　再往前走，在泰安路口處有個「老房子藝術中心」，進去可以免費取得許多老洋房相關的旅遊資訊。

Point 6 羅密歐陽台

　　這棟西班牙風情的建築，出名的是它那被稱為「羅密歐陽台」的造型陽台，幻想一下美麗的愛情故事吧！

Point 5 巴金故居

　　巴金是文學大家，故居保留巴金當年生活起居的原貌。建築建於1923年，曾經是蘇聯商務代表處，巴金則是在1955年入住，居住時間長達40年。

Point 4 武康庭

　　接著斜對面的武康庭(武康路376號)巷弄內是民國時期外交官宅邸，現在聚集了許多美食、時尚、創意店，值得一晃。

樂園狂歡

亞洲最大的迪士尼登陸上海

跟著幫主這樣玩，樂園設施全攻略

2016年6月，上海迪士尼正式開幕，成為距離台灣最近、價格最低(平日)，同時也是全亞洲最大的迪士尼樂園！不過呢，上海迪士尼這麼大，如何才能利用最短的時間，體驗到最多的內容？感受到最有味道的內涵呢？讓幫主為你深度解析，有效率地玩個徹底！

幫主帶路 園區概覽

上海迪士尼占地700公頃，偌大的園區內設計了七大主題園區，分別是：米奇大街、奇想花園、探險島、寶藏灣、明日世界、夢幻世界、玩具總動員。再加上位於園區中央、全世界最高的「奇幻童話城堡」，以及周邊兩座主題酒店：上海迪士尼樂園酒店、玩具總動員酒店。另外還有可以免費參觀的迪士尼小鎮、星願湖、星願公園。

▲旋轉木馬是浪漫的代表

基本資訊

🌐 www.shanghaidisneyresort.com

✉ 上海市浦東新區川沙鎮黃趙路310號

🕐 樂園：08:30～21:30
夜光幻影秀(煙火)：20:30(奇想花園)

ℹ 營業時間與各項演出時間依平日、假日、寒暑假而有不同，請以官網為準

購票須知

迪士尼門票目前僅限線上預購，可在官網或第三方平台購票。

上海迪士尼線上預購 ▶

💲 常規日￥4/5，特別常規日￥599，高峰日(暑假、週末、節日)￥719，特別高峰日(春節與國慶連假)￥799，兒童票(100～140公分)、老年人票(60歲以上)約75折

ℹ 採實名制購票入場，入園當天記得攜帶台胞證

交通資訊

上海地鐵11號線的最後一站就是「迪士尼站」。

ℹ 1.前往迪士尼的出口是1號出口。
2.上海迪士尼禁帶自拍棒，遊客需注意。
3.請注意：出站前記得先買好回程車票，晚上是人潮高峰期，這時才買票會排隊排很久。

▲上海迪士尼地鐵站

▲地鐵站內也是迪士尼主題

幫主帶路
樂園設施全攻略

　　上海迪士尼占地廣大，表列 24 項遊樂設施，但是光看名稱你根本不知道有些只是拍照、有些只是展覽、有些只是花園啊！所以好好看完幫主的介紹，選出真正想要玩到的設施，好好的規畫動線，才能用最短的時間發揮最大的功效唷！

　　以下介紹七大主題區分別有什麼設施：

 幫主推薦必玩項目　　 純看表演
與迪士尼主角拍照

米奇大街

　　從入口一進來，就是米奇大街，主要是商店與餐廳。最好把時間優先使用在遊樂設施上，米奇大街可以晚上離開前再來晃，不要浪費太多時間在此處。

探險島

雷鳴山漂流
翔翔。飛躍地平線
古蹟探索營
歡笑聚友會的叢林朋友們
人猿泰山：叢林的呼喚

寶藏灣

探密海妖復仇號
風暴來臨
加勒比海盜：沉落寶藏之戰
寶藏灣的杰克船長
探險家獨木舟

奇幻童話城堡

漫遊童話時光
城堡裡的迪士尼公主們
點亮奇夢：夜光幻影秀

玩樂篇

玩具總動員

抱抱龍沖天賽車
彈簧狗團團轉
胡迪牛仔嘉年華
友情驛站

▲ 迪士尼人物全部出動

夢幻世界

愛麗絲夢遊仙境迷宮
七個小矮人礦山車
旋轉瘋蜜罐
小熊維尼歷險記
冰雪奇緣歡唱盛會
小飛俠天空奇遇
晶彩奇航

▲ 黑武士在路上巡邏

明日世界

創。極速光輪
雪弗蘭數字挑戰
星球大戰遠征基地
巴斯光年星際營救
太空幸會史迪奇
噴氣背包飛行器

▲ 創極速光輪是上海迪士尼獨家項目

奇想花園

幻想旋轉木馬
小飛象
十二朋友圈
金色童話盛典
米奇俱樂部

▲ 一定要留到晚上看完煙火秀才值回票價

幫主推薦 安裝上海迪士尼APP

來上海迪士尼玩，第一件事就是安裝專屬的 APP，請搜尋「上海迪士尼度假區」或是「Shanghai Disney Resort」就能找到。安裝之後你會發現 它是英文版的，要用中文必須把手機系統設定為簡體中文，再打開 APP 就會顯示中文了。

▲ 你看看這個APP多重要？即時告知所有設施的排隊時間！如果要找廁所、餐廳、服務中心等等，也都可以清晰的搞定，不想迷路就裝好它吧！

幫主推薦 迪士尼尊享卡

上海迪士尼把「快速通行證」制度取消，現在所有項目只能付費快速通關，或是乖乖花時間排隊，如果實在不愛排隊，那就選擇「迪士尼尊享卡」吧！位置在APP下方選「商城」，上方選服務，然後找到「迪士尼尊享卡」點入，裡面就會有許多快速通關項目的價格資料。

▲迪士尼尊享卡就是花錢插隊的概念

幫主的貼心提醒 推薦必玩項目

以幫主去過多次的經驗，推薦絕對必玩的項目為：「翱翔。飛躍地平線」、「創極速光輪」。另外，帶小朋友必看「冰雪奇緣歡唱盛會」！

1.迪士尼人物大遊行／2.城堡前面會有演出／3.夜晚的城堡超美／4.米老鼠乘風破浪而來／5.晚上的明日世界

行家祕技 **不花錢也可以體驗迪士尼！**

玩樂篇

　　這篇是寫給「想要沾點迪士尼的感覺，又不想花錢花時間進去玩的遊客」。

　　在迪士尼樂園的旁邊，有個「迪士尼小鎮」，這裡是免費開放的，可以來這裡打個卡，號稱到過上海迪士尼，這樣也算沾上邊了啦！其他免費的還包括星願湖和星願公園。

　　迪士尼小鎮位在入口左側，可直接略過入口往前走即達(要入園玩的遊客，不建議花太多時間在這裡，以免遊玩時間不夠)。嚴格來說，這裡就是商店街＋美食街＋小鎮造景，在這裡慢慢地晃，找個地方吃點東西也滿不錯的。

1.迪士尼小鎮有超大商城，可買到迪士尼商品／2.迪士尼小鎮湖畔區也有美食與店家／3.Build a Bear是美國知名的玩具品牌，可以自製泰迪熊／4.大推迪士尼小鎮內的樂高旗艦店，所有內容都是積木堆出來的唷

Day by Day 行程規畫全攻略

精選最豐富的主題旅遊，請你跟我這樣玩

主題行程 1

經典行程4日遊

這趟上海之旅可以完整體驗上海最出名的標誌性景區，適合利用週休二日再請個小假，來上海過旅遊癮的遊客。

Day 1

時間	行程內容	必看景點	前往方式
12:30前	班機抵達上海		
14:30前	飯店Check-in		
15:00～16:30	城市規劃館	認識上海的第一站，內容豐富，值得參觀。	地鐵1、2、8號線人民廣場站
16:30～17:30	南京路步行街	上海最知名的步行街，百貨商家雲集，沿著南京步行街漫步晃到外灘去吧。	
18:00～21:00	外灘	有萬國建築博覽會之稱的外灘建築群，視覺感強烈，上海必遊景點，遊人如織。	步行前往
21:00～23:00	外灘遊船或酒吧	你可以搭乘遊船體驗黃浦江上美景，或是去和平飯店老爵士酒吧聽音樂。	

Tips 預算足夠的遊客可以選擇在外灘百年建築內用餐，記得要先訂位。

圖片提供／和平飯店

玩樂篇

Day 2

時間	行程內容	必看景點	前往方式
09:00～11:00	豫園	豫園、老城隍廟、上海老街、南翔小籠包。	地鐵10號線豫園站
11:00～11:30	黃浦江渡輪	最便宜又最美的渡江方式。	計程車
11:30～12:30	濱江大道	沿著濱江大道往北漫步，從黃浦江的另一岸遠眺昨天看過的萬國建築群，完全不同的視野！	步行前往 地鐵2號線陸家嘴站
12:30～14:00	正大廣場或 迪士尼旗艦店	正大廣場用餐或是逛逛迪士尼旗艦店。	步行前往 地鐵2號線陸家嘴站
14:30～17:30	東方明珠塔 金茂大廈 環球金融中心 上海中心大廈	想登高看上海的人，可以擇一登樓，各有各的特色！	步行前往 地鐵2號線陸家嘴站
18:00～19:00	國金中心	這裡有許多美食餐廳，可以擇優享用。	步行前往 地鐵2號線陸家嘴站
19:30～21:00	靜安寺周邊	日系的久光百貨、夜間的百樂門、或是到張愛玲故居樓下喝杯咖啡。	地鐵2、7號線靜安寺站

Tips 從豫園商圈搭出租車(計程車)到「金陵中路渡口」，大約起步價即達，花個2元坐渡輪過黃浦江。

Day 3

時間	行程內容	必看景點	前往方式
09:00～12:00	漫步武康路	宋慶齡故居、諾曼底公寓、武康路漫步。	地鐵10、11號線交通大學站
12:00～15:00	安福路	武康路走到底，轉安福路，有上海小天母之稱，可以用餐、看文青潮店。	步行
15:00～19:00	新天地	上海最知名的石庫門時尚區，有著老上海的建築又帶點歐洲街頭風情，逛街、用餐都不錯。	地鐵1號線黃陂南路站
19:00～21:00	淮海路	黃陂南路站到陝西南路站之間的淮海路，相當於台北忠孝東路，腿力好的可以逛逛。	地鐵1號線陝西南路站

Tips 黃陂南路站周邊是世界頂級精品旗艦店林立區，記得也來感受一下！

Day 4

時間	行程內容	必看景點	前往方式
09:00～12:00	田子坊	老上海的石庫門與巷弄改造成文化與特色店家齊聚的區塊。田子坊內的特色餐廳很多，可以擇優用餐。	地鐵9號線打浦橋站
12:00後	前往機場返回台灣		

Tips 回程可以考慮搭乘時速高達430公里的磁懸浮列車，感覺一下真正的速度感！

主題行程 2

知性親子遊

針對擁有小孩同遊的遊客，幫主規畫這份知性的行程，兼顧了上海主要景點，同時擁有適合學齡孩童參觀訪問的知性內容，包括博物館或展出，能吸引小朋友的目光，同時考慮到小朋友的腳程，每日的行程都不會拉太遠。

Day 1

時間	行程內容	必看景點	前往方式
12:30前	班機抵達上海		
14:30前	飯店Check-in		
15:00～17:00	城市規劃館 上海博物館	城市規劃館的超大城市模型與互動設施，小朋友會很喜愛。	地鐵1、2、8號線人民廣場站
18:00～19:00	晚餐推薦：小楊生煎、佳家湯包	黃河路美食街 。	地鐵1、2、8號線人民廣場站
19:00～20:30	杜莎夫人蠟像館	來跟全世界的明星拍拍照。	地鐵1、2、8號線人民廣場站
20:30～22:00	南京路步行街	記得搭乘小火車更好玩喔。	地鐵1、2、8號線人民廣場站

Day 2

時間	行程內容	必看景點	前往方式
09:30～12:00	上海海洋水族館	東亞最長的海底隧道、各類海底珍奇動物。	地鐵2號線陸家嘴站
12:00～13:00	午餐	推薦在正大廣場或國金中心用餐。	
13:30～15:00	東方明珠塔、環球金融中心觀光廳	登高看看上海的城市景致，絕對吸引小朋友。	
15:00～15:30	外灘觀光隧道	具有聲光效果的渡江隧道。	
15:30～18:00	外灘萬國建築博覽會	感受上海百年租界建築風情。	地鐵2、10號線南京東路站
18:00～19:30	晚餐推薦：上海姥姥	CP值高的道地上海本幫菜。	
19:30～21:30	外灘夜景或遊船之旅	浪漫的遊船盡享黃浦江兩岸美景。	

Day 3

時間	行程內容	必看景點	前往方式
07:00～22:00	迪士尼樂園	體驗亞洲最大的迪士尼。	地鐵11號線迪士尼站

Day 4

時間	行程內容	必看景點	前往方式
09:00～12:00	上海動物園 上海科技館	上海動物園熊貓不用排隊隨便你看！科技館有聲光多媒體設施寓教於樂。	地鐵10號線上海動物園站、地鐵2號線上海科技館站
12:00後	前往機場返回台灣		

Tips 回程可以考慮搭乘時速高達430公里的磁懸浮列車，感覺一下真正的速度感！

主題行程 3

小資女生浪漫遊

上海其實很適合小資女生來享受浪漫的情趣之旅，在這個專門為小資女設計的行程中，幫主將安排上海經典景點＋逛街購物＋浪漫散步馬路＋文藝清新咖啡店，你會發現原來上海也可以這麼悠閒浪漫、詩情畫意！

Day 1

時間	行程內容	必看景點	前往方式
12:30前	班機抵達上海		
14:30前	飯店Check-in		
15:00～18:00	外灘下午茶	萬國建築博覽會。外灘3號、18號或是華爾道夫酒店、和平飯店下午茶奢華一下。	搭乘計程車前往
18:30～20:30	南京路步行街	逛逛步行街的百貨公司，找找喜愛的流行服飾。	地鐵2、10號線南京東路站
21:00～22:30	陸家嘴	在濱江大道看夜景、去九重天酒吧喝調酒。	地鐵2號線陸家嘴站

Tips 先到外灘喝個下午茶欣賞美景，之後徒步晃晃南京路步行街，最後前往陸家嘴看看上海城市的燈光秀並在曾經世界最高的酒吧圖個微醺的感覺。

Day 2

時間	行程內容	必看景點	前往方式
09:00～12:00	徐家匯	徐家匯天主堂、徐家匯書院拍美照，周邊百貨逛街吃美食。	地鐵1、9、11號線徐家匯站
13:00～14:30	陝西南路淮海路	逛逛採購，IAPM環貿商城、新樂路潮店街。	地鐵1、10、12號線陝西南路站
15:00～17:00	思南路	老洋房、孫中山故居、思南公館。古董花園下午茶。	地鐵1、10、12號線陝西南路站
18:00～21:00	田子坊	在老弄堂內穿梭，找個石庫門特色餐廳用餐，感受上海創意園區的氣氛。	步行前往地鐵9號線打浦橋站

Tips 陝西南路周遭的逛街區採購，接著體驗思南路的故居風情，搭乘出租車或是一路往南步行可以到達田子坊，在里弄裡發掘有趣的小店。

Day 3

時間	行程內容	必看景點	前往方式
09:30～10:30	宋慶齡故居、諾曼底公寓	感受一下歷史人文，與見識建築大師鄔達克在上海留下的經典建築。	地鐵10、11號線交通大學站
11:00～14:00	漫步武康路	上海最多老洋房的馬路，梧桐樹下信步漫遊，租界風情浪漫不已。	地鐵10、11號線交通大學站
14:30～16:00	馬勒別墅下午茶	全上海最童話風格的馬勒別墅享受下午茶。	搭乘計程車
16:30～18:30	新樂路、近賢路	新樂路潮店街，進賢路淘寶小馬路。	地鐵1、10、12號線陝西南路站
19:00～20:30	淮海路商圈	黃陂南路站周邊頂級精品店、K11藝術購物中心。	地鐵1、14號線黃陂南路站
21:00～22:30	新天地	逛逛新天地，找個特色酒吧喝杯調酒，聽聽現場演唱。	

Tips 上午前往全上海最多故居的武康路周邊散步，下午在上海唯一童話故事城堡般的馬勒別墅享用下午茶，接著逛逛周邊的潮店小馬路：新樂路、進賢路，最後再去新天地消磨熱鬧的夜晚。

Day 4

時間	行程內容	必看景點	前往方式
09:00～12:00	靜安寺周邊	靜安寺、百樂門、張愛玲故居。	地鐵2、7、14號線靜安寺站
12:00後	前往機場返回台灣		

Tips 最後一天選擇靜安寺，這裡有機場大巴(停靠上海國際貴都大飯店)與地鐵2號線，皆可前往機場。

網美打卡新景點

上海隨時會冒出網美打卡新景點,這裡收錄一些你在抖音、IG上最有機會看到的地點,對於愛拍照的小資女生們,時間與行程安排允許的話,就跑一趟去拍個美美的照片吧!

天安千樹

負責設計上海世博會英國館的建築鬼才Thomas Heatherwick,以巴比倫空中花園為概念,在上海設計了擁有400個露台、1,000棵樹的超級建築!緊鄰著蘇州河的特色畫面,絕對好拍!裡面則是「大洋晶典」商城,來這裡拍照打卡喝咖啡,美極了!

✉ 上海市普陀區莫干山路600號 / ➡ 地鐵3、4號線中潭路站或13號線江寧站,出站步行5分鐘

緊鄰蘇州河畔的天安千樹,內部是百貨商城

張園

最早在1882年由商人張叔和購自和記洋行,取名為「張氏味蓴園」,簡稱張園,當年霍元甲就是在此擺下擂台挑戰英國大力士奧比音!經過一段時間的整修後,現在整區重新開放,導入許多世界頂級品牌入駐,可以欣賞到上海傳統石庫門建築,拍照特別好看!

✉ 上海市靜安區威海路590弄 / ➡ 地鐵2、12、13號線,出站即達

石庫門建築變身流行時尚基地

蟠龍天地

又是一個古鎮改造的計畫!瑞安集團集商業、住宅、酒店、綠地、消費、古建築為一體,打造出這個全新的天地,園區內擁有小橋、流水、手搖船等江南水鄉風情,同時導入了美食、購物等,成為上海最新的網美打卡勝地。

✉ 上海市青浦區蟠鼎路123弄8號 / ➡ 地鐵17號線蟠龍路站,出站步行5分鐘

有小橋流水的古鎮變身網美商業區

蘇州・杭州
Suzhou・Hangzhou

來過蘇杭，方知江南美

「上有天堂，下有蘇杭」可以說是人人耳熟能詳的一句話，如此高評價若不親
自感受一次，豈不可惜？蘇州、杭州距離上海都不遠，利用高鐵，前往蘇州僅
需30分鐘、杭州60分鐘！讓幫主帶大家多玩轉2個城市吧！

蘇州

匯集最美的園林建築，別只是踩點，漫遊更有滋味

蘇州有2,500年的歷史，是「吳」文化的發祥地，當地方言「吳語」輕柔有韻味，代表性的「蘇州評彈」可以說是蘇州特有的說書形式，此外，蘇州園林也是傲視全國，已經被聯合國教科文組織列為世界文化遺產，來到蘇州真的有看不完的園林美景，其他知名的景點還有虎丘、寒山寺、蘇州博物館、金雞湖等等，旅遊價值很高。

從上海來到蘇州會有一種滿強烈的對比，相較於其他沿海大城市，蘇州顯出小家碧玉的氣質，她的韻味相對含蓄而內斂，旅遊時可以細細體會咀嚼箇中差異。

▲ 蘇州好行一日卡

▲ 蘇州通轉轉卡

禮、蘇式麵一碗、交通卡（公交6折、地鐵95折）等內容。

最方便的辦卡地點是：地鐵1號線星海廣場站2號出口的星海生活廣場B2樓「蘇州市民卡星海客服中心」。更多詳情請參考官網。**請注意** 拙政園、獅子林、留園需要提前一天預約。

蘇州轉轉卡網址▶

遊程規畫
Suzhou

規畫蘇州旅遊相當方便，除了有3條地鐵線路外，還推出了「蘇州通轉轉卡」與「蘇州好行卡」，方便遊客利用，建議停留時間為3天2夜，時間比較不充裕的遊客也可以只花2天時間，把重要景點收下。

蘇州通轉轉卡

有24小時（￥228）、48小時（￥318）兩種套餐，可以免費前往19處景點、1場評彈演出、伴手

蘇州好行卡

票價￥15，可在火車站北廣場客運站2樓24號門、拙政園南停車場、拙政園西遊客中心、虎丘北門／南門購票。可在時間內無限次數搭乘蘇州好行觀光巴士、蘇州市內公車。

http www.ytxapp.com/web

交通串聯
Suzhou

由上海前往蘇州，建議從上海虹橋火車站搭乘

高鐵前往，車次較多，要注意選擇「蘇州站」作為終點，會比「蘇州北站」更接近市區，2個高鐵站都有地鐵可銜接。

蘇州地鐵

蘇州地鐵還會陸續建設開通，幫主集中介紹1號線、2號線，因為利用這2條線路就可以暢玩蘇州囉！

蘇州地鐵地圖

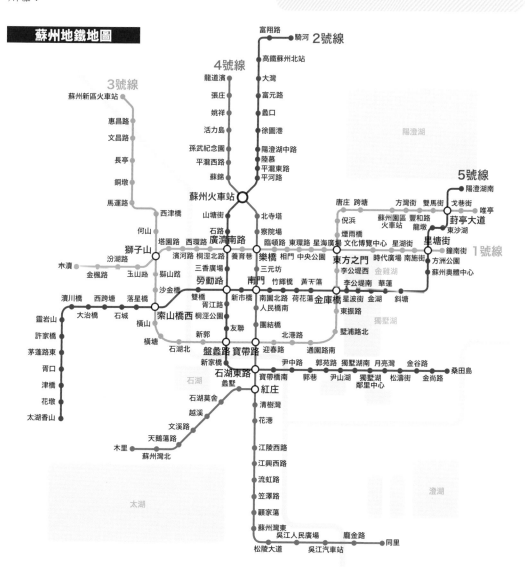

蘇州旅行地圖

虎丘山風景區

平河路站

蘇錦站

蘇站東路

蘇站路

蘇州火車站 🚉 蘇州火車站

北環路快速

西匯路

東匯路

北環路快速

蘇州博物館　拙政園
太平天國忠王府

山塘街站

北寺塔站

獅子林

山塘老街

平江路文化街道

中國郵政郵票博物館
生肖郵票分館

中國蘇州評彈博物館
中國崑曲博物館

留園

石路站

察院場站

玄妙觀　觀前街

寒山寺
楓橋風景名勝區

桐涇北路

金門路

干將東路

相門

臨頓路站

樂橋站

京杭運河

干將西路

養育巷站

廣濟南路站

西環路站

桐涇北路站

三香路

道前路

三元坊站

濱河路站

干將西路

三香路

三香廣場站

桐涇南路

勞動路站

人民路

南門站

竹輝路

南園北站

沙金橋站

新市橋站

索山橋西站

雙橋站

宵江路站

南門路

京杭運河

橫山站

桐涇公園站

南環路高架

大民橋南站

橫塘站

南環路高架

友聯站

團結橋站

倪浜站

婁江快速路

G15W

常台高速

東環路高架

現代大道

煙雨橋站

現代大道

文化博覽中心站

新光天地
蘇州凱悅酒店

月光碼頭

誠品書店

時代廣場站

東方之門

東方之門站

摩天輪樂園

金雞湖

星海廣場站

干將東路

中央公園站

東環路站

星明街

李公堤西站

李公堤 湖心亭

荷花蕩站

金庫橋站

金雞湖大道

黃天蕩站

星波街站

李公堤南站

S343

金湖站

竹輝橋站

東振路站

獨墅湖大道

荷環路高架

常台高速 G15W

墅浦路北站

東環路高架

獨墅湖

通園路南站

虎丘山風景名勝區

- ✉ 蘇州市虎丘山風景名勝區
- 📞 (0512)6532-3488
- 💲 淡季(1～3、6、11～12月)￥60、旺季(4～5、7～10月)￥80
- ➡ 搭乘地鐵2號線到石路站，出站轉游1路北線公車搭到終點就是虎丘景區；或搭乘好行1號線

虎丘山風景名勝區
康熙雍正乾隆的最愛

虎丘山風景名勝區有2,500年的歷史，享有「吳中第一名勝」的美譽，蘇東坡更是題下：「到蘇州不遊虎丘乃憾事也！」由此可見其旅遊價值！整個景區內包含很多景點，其中最出名的有：

虎丘塔

世界第二斜塔，建於五代後周時期，有千年歷史，被譽爲中國的比薩斜塔。

劍池

傳說這裡是吳王闔閭的墓地所在，造型像是一把平擺的劍，故名之。唐代書法家顏真卿所題的4字「虎丘劍池」也是一大看點。

試劍石

故事是這麼說的，當年吳王闔閭要求當時天下最有名的鑄劍師夫妻檔，干將和莫邪，爲他打造寶劍，後來莫邪親自跳入爐內鑄成「莫邪劍」，由干將帶著劍來此請吳王試劍，才留下了這道劈砍的痕跡。

此外，還有斷梁殿、枕石、憨憨泉、孫武亭、仙人洞等眾多景致，加上整個景區的風景，足以花上一個下午好好地享受。

1.第二斜塔名不虛傳，氣勢雄偉 / 2.顏真卿的題字 / 3.天然形成的試劍石 / 4.劍池相傳是吳王的墓的所在地

蘇州‧杭州

山塘老街
老蘇州的縮影

山塘街沿河畔建築，是明清時代最發達的街區，有「神州第一古街」之稱。整段山塘街有7里地(約3公里)，一路直通虎丘景區，當年是蘇州刺史白居易看到河道瘀塞，水路不通，便下令開鑿山塘河，東起閶門西至虎丘，全長7里，古稱「七里山塘到虎丘」。

如今遊客聚集的是山塘老街這段，一路上老字號林立、有會館有小橋有戲臺，彷彿回到了昔日最繁盛的年代一般。有興趣遊河的旅客也可以搭船在山塘河上感受一下。到了晚上大紅燈籠高高掛起，這裡又有一番不同的風情。

通常遊客只在熱鬧的老街參觀，其實體力好的話，沿著山塘河一路走到虎丘，約40分鐘，一路上的景致也非常吸引人唷！

山塘老街
- ✉ 蘇州市山塘街
- 💲 參觀免費
  遊船：觀光畫舫¥55、手搖船¥80(08:00～21:00)
  景點門票(蘇州商會博物館、安泰救火會、玉涵堂)¥45；評彈茶座¥35
- ➡ 搭乘地鐵2號線到山塘街站，1號出口出站直行到橋下左轉過函洞就到；或搭乘好行1號線

1. 老街上熱鬧的店四處林立 / 2. 可以搭乘遊船體驗 / 3. 晚上的山塘老街，大紅燈籠高掛

寒山寺
姑蘇城外香火盛

唐代詩人張繼的《楓橋夜泊》把寒山寺的知名度推到極致，來到蘇州不親眼看看詩中的寒山寺怎麼可以呢？寒山寺始建於南朝蕭梁代天監年間，1千多年來歷經數次火災，最後一次重建是清光緒年間，寺內除了大雄寶殿等佛教廟殿之外，還有大量的碑文、石刻等古蹟。

終於親眼見到詩中的寒山寺了

寒山寺
- ✉ 蘇州市金閶區寒山寺弄24號
- 📞 (0512)6723-6213
- 💲 ¥20
- 🕐 07:30～17:00
- ➡ 搭乘地鐵1號線到桐涇北路站，1號出口前方開放大學公車站，搭乘9002路到寒山寺站；或搭乘好行1、2號線

1.裡面有金氏世界紀錄的大鐘／2.放大版《楓橋夜泊》

　　門票除了寒山寺外，還包括了「大鐘苑」，2個景點不在一處，可以詢問現場工作人員如何前往。大鐘苑內有個金氏世界紀錄認證的巨型銅鐘，撞擊聲響相當驚人，另外還有一座巨型華夏詩碑，放大版的《楓橋夜泊》碑帖氣勢驚人。

楓橋景區
☒ 蘇州市金閶區楓橋路底
☎ (0512)6557-5100
💲 ¥25
🕐 08:00～17:00
➡ 搭乘地鐵1號線到桐涇北路站，1號出口前方開放大學公車站，搭乘9002路到寒山寺站；或搭乘好行1、2號線

1.鐵嶺關可以上去參觀／2.以前抗倭寇的鐵砲／3.當年張繼的船就停在此處

楓橋景區
夜半鐘聲到客船

　　楓橋景區與寒山寺相鄰，但是卻分開售票，時間不充裕的遊客可以只去寒山寺就夠了。楓橋景區部分包括鐵嶺關、楓橋、古運河等景點。

　　楓橋景區的入口在寒山寺的正門口，過了橋就是楓橋景區。這裡過去是重要的軍事隘口，在明嘉靖36年建了鐵嶺關，這是蘇州現存唯一的抗倭寇關樓，遊客可以登上關樓參觀，同時這裡也是當年張繼夜泊楓橋時停靠船隻的地方。

留園
中國四大名園之一

　　留園不但是中國四大名園之一（蘇州拙政園、北京頤和園、河北避暑山莊、蘇州留園），還被聯合國列入世界遺產名錄。始建於明萬曆21年，是太僕寺少卿徐泰時的私家園林，後於清代被劉恕取得並改建，園主酷愛書法名畫奇石，將許多作品崁入園中廊壁內，後代園主也都延續此風。

　　與蘇州的拙政園相比，留園要顯得小巧精緻，且以建築為特色，因此有些人覺得其旅遊價值相對不如拙政園，其實，留園的氣質不太一樣，清代俞樾作《留園記》稱此為「吳下名園之冠」。

　　來到此處不可錯過「留園三絕」：

幽谷明月圖

　　是一塊直徑1.4公尺的大理石，出於雲南點蒼山，石面天然紋路如同一幅山水畫，遠看甚至還有一輪明月呢！

冠雲峰

　　這塊太湖石集「瘦、皺、漏、透」四奇，因此也被放在園內最重要的中心位置，供主人欣賞。

魚化石

　　冠雲樓下的匾額「仙苑停雲」底下有一幅裱框的化石，必須細看才會發現其內竟有許多小魚化石，距今約1億4千萬年。

留園
✉ 蘇州外留園路388號
☎ (0512)6533-7903
🕐 07:30～17:00
💲 淡季(1～3月、6、11～12月)￥45、旺季(4～5、7～10月)￥55
🚇 搭乘地鐵2號線到石路站，1號出口沿廣濟路往北50公尺，左轉留園路走300公尺即達；從其他景點可搭游1路公車；或搭乘好行1、2號線
ℹ️ 建議參加定時專人導覽，會聽到更多的細節介紹

1.留園的建築擺設極具巧思與意境 / 2.幽谷明月圖是天然大理石山水圖 / 3.留園後院內有大量美麗的造景盆栽 / 4.集瘦、皺、漏、透四奇於一身的冠雲峰

觀前街、玄妙觀
- ✉ 蘇州觀前街
- 💲 玄妙觀門票¥10
- ➡ 搭乘地鐵1號線到樂橋站，7號出口前步行約3分鐘即達觀前街口；或搭乘好行1、2號線

1.三清殿是現存最大的宋代木結構建築／2.觀前街是蘇州的商業徒步街／3.正對著觀前街的玄妙觀

觀前街、玄妙觀
蘇州百年老街

觀前街位在千年古剎玄妙觀前而得名，這條街道是蘇州最有特色的商業街，與上海的南京東路步行街一樣，百年老店匯聚：稻香村、乾泰祥、黃天源等等。此外這裡也有不少蘇州特色的點心餐廳，可以在這裡用餐。

玄妙觀就在觀前街中央，有興趣可以順道參觀。這座道觀始建於西晉咸寧2年，歷史更迭經過多次翻修增建，主殿三清殿是江南一代現存最大的宋代木結構建築，同時也是國家重點保護文物，此外還有財神殿、雷尊殿、壽星殿、觀音殿、文昌殿等。

平江歷史文化街區
- ✉ 蘇州平江路
- ➡ 搭乘地鐵1號線到臨頓路站，3號出口沿干將東路往東步行5分鐘到平江路口；或搭乘好行5號線

1.平江路上有著小橋流水／2.假日人山人海，不如非假日來享受恬靜安詳／3.老街上的概念書店

平江歷史文化街區
河街相鄰、水陸並行

這是一條古街，公元前514年伍子胥設計了水陸並行的雙棋盤城市格局，平江路就是其一，此處完整地保存了歷史的原貌，南起干將東路，北接拙政園，全長1,600公尺，一路上伴著江南特有的小河道，兩側現在聚集了大量的文青創意店鋪。邊逛邊散步，一路可以直達拙政園、蘇州博物館、太平天國忠王府等，形成一條方便的旅遊路線。

除了體驗老街的歷史風情，這裡的小巷內還躲了2個曲藝博物館，經過不要錯過！

蘇州評彈博物館
感受一場精采的蘇式說唱

蘇州評彈是江南傳統文化的代表，有400年的歷史，也可以說是蘇州曲藝最為人熟知的項目。通常是兩位藝人同台，說、噱、彈、唱，以特色的蘇州吳儂軟語演出，這樣的說唱形式目前已經屬於非物質文化遺產，受到保護與重視。

博物館所在是清末民初的沈宅，展出內容有珍貴的照片與歷史介紹，此外還保留了老戲臺，也許你還有機會聽到演出呢！除了參觀博物館，這座古宅本身的結構也很值得穿梭體驗。

蘇州評彈博物館
- 蘇州平江歷史保護街區張家巷3號
- (0512)6727-1797
- 09:00～17:00
- 參觀免費，欣賞評彈演出￥20(含龍井茶一杯)
- 平江路歷史街區中段處，轉入張家巷內步行2分鐘

1.蘇州評彈的演出場地／2.以文字照片等史料記錄評彈發展史、博物館門口的銅像雕塑

中國崑曲博物館
老會館內的曲藝大觀

崑曲是中國最古老的戲曲形式，最早起始於元代蘇州崑山一帶，已經有600年歷史。作為世界古老三大戲劇源頭之一，有「百戲之母」的稱號。為了保護並發揚崑曲文化，在這裡博物館內陳列了大量的資料，包括文武場的傢伙(系服、樂器、臉譜等)，還有原音收錄的演出CD可以聽。

博物館所在地也是大有來頭，「全晉會館」是山西晉商集資建於清乾隆30年，同樣是重點保護文物，中庭的古戲臺是全館精華，連美籍華裔的貝聿銘都盛讚其美。

中國崑曲博物館
- 蘇州平江歷史保護街區張家巷14號
- (0512)6727-3334
- 09:00～17:00
- 參觀免費
- 平江路歷史街區中段處，轉入張家巷內步行5分鐘

1.崑曲博物館所在地是全晉會館／2.博物館內的老戲臺／3.有興趣可以聽聽看崑曲究竟是什麼感覺

拙政園

- 蘇州市東北街178號
- (0512)6754-6631
- 07:30～17:00
- 淡季(1～3月、6月、11月、12月)¥70、旺季(4月、5月、7～10月)¥90
- 平江路歷史街區尾段，走到底即達；或搭乘好行1、2、5號線

1. 天泉亭是元代大宏寺遺物 / 2. 想要體驗蘇州的園林之美，拙政園是最佳優選 / 3. 園區的別室處處

拙政園
蘇州園林的代表

明正德初年，官場失意的御史王獻臣，取晉代《閑居賦》中的「築室種樹，灌園鬻蔬，此亦拙者之為政也」，傳達開賦在家，養花弄草也是一種從政，故命名為拙政園，號稱有5百多年歷史。歷經多次易主，文革期間甚至淪為兒童樂園，園林景觀經過多次變化。

目前的拙政園是蘇州最大的園林，占地78畝，有山有水，以及江南特有的建築，一派江南花園風情，同樣被聯合國際教科文組織列入世界遺產名錄。園區內分為東、中、西3座花園，加上園林博物館，真的夠你逛上大半天的！漫步其中，除了欣賞園林造景之美，別忘了滿室的匾額、楹聯，文人氣質處處。

蘇州博物館

- www.szmuseum.com
- 蘇州市東北街204號
- (0512)6757-5666
- 週二～日09:00～17:00
- 門票免費，但是需至官網或微信公眾號預約，台灣遊客只能現場詢問當天有沒有餘位
- 平江路歷史街區尾段走到底左轉，在拙政園隔壁；或搭乘好行1、5號線

蘇州博物館
貝聿銘再創經典作品

蘇州博物館，與其說是為了看文物，還不如說是為了來朝聖大師的建築作品！美籍華裔的貝聿銘因為設計了羅浮宮的玻璃金字塔而聞名於世。然而大家可能不曉得，他的祖輩就是蘇州望族，因此兒時曾在蘇州園林獅子林度過一段歲月。

他將蘇州園林的元素與幾何圖形巧妙地結合，創造出另一個經典建築案例，你會在建物中感受到光、影、水、園林等元素彼此交融，使得逛博物

館的體驗變得更加特別！

博物館擁有超過4萬件館藏，以明清書畫、工藝品見長。旁邊的太平天國忠王府也隸屬於博物館，可以順道參觀。

東方之門
好大的一條秋褲

在蘇州有一座超高大樓，因為造型突出，成了城市的地標，那就是「東方之門」！

在中國被許多網民譏為大秋褲（就是台灣的衛生褲）、牛仔褲，那造型確實有夠像的啊！層高301公尺，內部有69層樓，功能涵蓋了頂級商業中心、國際會議中心、摩天豪宅等，甚至將有全世界最高的無邊際空中泳池！可惜的是，搭建時間幾乎拖了有10年之久，不知道何時才能開放。

既然都來到東方之門站了，不妨也在這金雞湖畔漫步欣賞湖景，這裡還有遊船可以搭乘，而世界知名的W Hotel就在東方之門的隔壁棟喔！

東方之門
- 蘇州市園區星港街199號
- 搭乘地鐵1號線到東方之門站，3號出口正對面

1.從正下方往上看 / 2.這造型根本就是下半身啊 / 3.本站的湖景與遊船也不賴

蘇州誠品書店

蘇州工業園月廊街8號

(0512)6298-6008

10:00～22:00

搭乘地鐵1號線到時代廣場站，1號出口前行5分鐘即達

1. 明亮有質感的空間與店家
2. 安靜選購書籍的人群
3. 蘇州誠品的樓梯設計

蘇州誠品書店
飄到對岸的書香

蘇州誠品書店是中國第一家誠品，位在金雞湖畔。誠品沒有選擇沿海大城市，卻把第一次給了有著小家碧玉氣質的蘇州，整間誠品總面積達5.6萬平方公尺，其中書店占了1.5萬平方公尺，其他則由特色美食、服飾、精品、家居等等有質感的廠商進駐。

不得不說蘇州誠品非常成功地移植了整個品牌的內容，不僅僅是硬體的氛圍，更包含了軟體的氣質，幫主一進去就感覺完全像是回到台灣，環境很舒適，生活館入駐的廠商很有質感，更重要的是看到滿滿的購書人群，靜靜地選購閱讀，特別棒的感動！

蘇州文旅花間堂探花府

蘇州市姑蘇區南石子街10號

(0512)6916-2008

¥1,200～1,800

訂房連結

住進昔日探花府邸
蘇州文旅花間堂探花府

來到蘇州，何不體驗一回真正的庭園住宿呢？現在你有機會住進「探花府」呢！整個宅邸有門廳、茶廳、正廳、內廳、走馬樓共五進。

這間宅邸不但有著蘇式園林風情，床的尺寸也很大，兩邊用古式木箱作為床頭櫃，背牆則是水墨國畫屏風的風格，整體營造的氛圍十分雅致，而且床頭的閱讀燈、音響、插頭等等也很齊備。透過精雕細琢的窗花，看著帶有徽式建築特色的青磚白牆，來到蘇州就該住在這樣的環境裡啊！

1. 入住昔日探花府 / 2. 小橋庭園蘇州風情

杭州

被譽爲人間天堂，來到這裡，無人不醉心於此地靈淨的美景

杭州是浙江省會，自秦代設縣治以來已有2,200年歷史，是中國七大古都之一，有「人間天堂」之稱。現代的杭州則是中國電子商務的中心，大家所熟知的淘寶、阿里巴巴總部就位於杭州，2016年的世界G20峰會也在杭州舉辦，全世界各國元首齊聚，見證了這個城市全球化的地位。

杭州最廣為遊客熟知的當屬「西湖」，歷代文人雅士無不讚歎她的美麗，整個杭州的旅遊也圍繞著西湖打轉，本書也將以西湖為主，沿著湖畔繞一圈，2天1夜的行程就能夠感受西湖的美！

交通串聯

Hangzhou

由上海前往杭州，建議從上海虹橋火車站搭乘高鐵前往，車次較多，要注意的是，杭州有2個高鐵站「杭州東站」和「杭州站」。從上海過來的高鐵停靠東站較多，2個站都有地鐵銜接，所以非常方便。

地鐵

杭州地鐵並沒有沿著西湖周邊建設，因此在西湖旅遊並不會使用到地鐵，地鐵主要的功能是從高鐵站把你送到西湖附近的站點。

公交車

「西湖環線公車」基本可達所有景點，分為內環線(順時針繞西湖)、外環線(逆時針繞西湖)，票價¥2，8～10分鐘一班車，營運時間10:00～18:00(假日09:00～18:30)

環湖電瓶車

沿著西湖畔有小型電瓶車環繞載客，共分為4個區間，每一區間¥10，全段¥40(仿古車價格雙倍)。4個區間為：少年宮(斷橋)→涌金門、涌金門→雷峰塔、雷峰塔經蘇堤→岳王廟、岳王廟→少年宮。

計程車

杭州計程車起步價¥13(3公里)，之後每公里¥2.5，停車等候每4分鐘¥2.5。

腳踏車

騎腳踏車遊湖可以說是最方便也最浪漫的方式，但是外來遊客在申請上比較複雜，目前共有3種形式。

- **公共自行車：** 由杭州市政府推出，與台灣的Ubike一樣，有固定的借還車點，優勢是第一個小時免費，60～120分鐘收費¥1、120～180分鐘收費¥2、180分鐘以上每小時收費¥3。

  想要使用公共自行車，首先要辦一張「杭州通」，可以用來租自行車與搭乘公交車。目前在各地鐵站都有售卡充值機，但只接受微信、支付寶付款，卡片押金¥15。要租用公共自行車，需在租借區插卡支付¥200押金，然後才能租借，還車時記得同樣要插卡選擇退還押金。

- **共享單車：** 中國目前有許多共享單車廠商，利用APP就可以在路上掃碼租車，而且不用定點還車。不過對於遊客來說比較麻煩，因爲必須身分認證，且必須用支付寶扣款，如果你有支付寶，可以下載APP：哈囉出行。

- **一般單車租賃：** 沿著西湖景區，有許多單車租賃的地方，價格1小時約¥15～20不等，雖然比其他方式要貴，但是不用煩惱申請、退卡等問題，其實遊客利用公交車＋電瓶車，再配合某些景點租用單車，反而比較方便！

▲ 公共自行車租借亭　　▲ 記得先插卡支付押金200元

斷橋殘雪(白堤)

- 杭州西湖景區，白堤東段
- 24小時開放
- 免費
- 搭乘公交車西湖內環線、西湖外環線、4路(假日)、7路、7W路、WE1314路、277路，在少年宮站下車
- 在斷橋旁馬路對面的小洋樓建於1931年，抗戰勝利後蔣經國與妻兒曾在此居住

斷橋殘雪(白堤)
白蛇傳相會故事的原點

西湖十景之一的斷橋殘雪在許多文學作品中都被詩人提及，它的位置在白堤的北段，白蛇傳中許仙與白娘子就是在斷橋上以傘傳情，從此這座橋就成了西湖最知名的景點，康熙38年更御書4字佇立於橋頭處。顧名思義，要欣賞到眞正的斷橋殘雪必須要在下雪的冬季來，屆時白雪覆蓋橋的兩端，石橋顯得似斷非斷，別有意境。

而斷橋所在的白堤，原稱白沙堤，由斷橋開始，經錦帶橋到平湖秋月，唐代詩人白居易任杭州刺史時有詩：「最愛湖東行不足，綠楊蔭裡白沙堤。」後人爲紀念白居易，稱此作白堤。

1.康熙御筆的斷橋殘雪／2.斷橋雖美，人潮卻多到爆

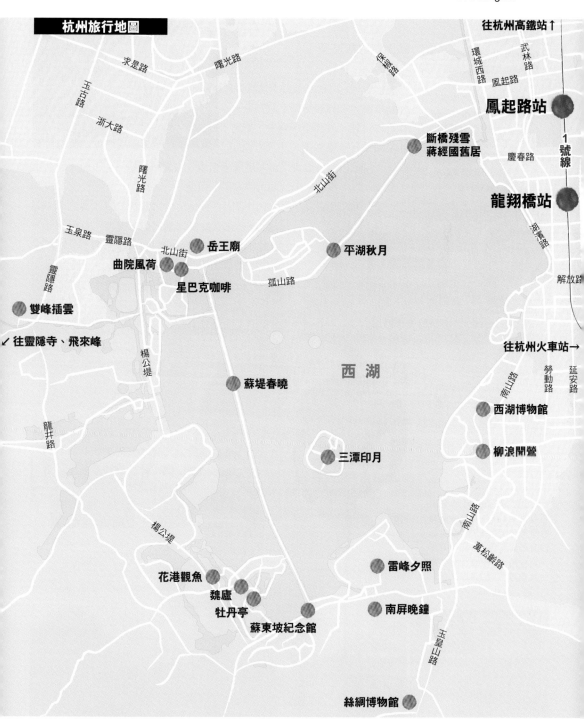

杭州旅行地圖

往杭州高鐵站↑

求是路　曙光路　　　　　　　　　張籌路　　　環城西路　武林路　風起路

玉古路　浙大路

鳳起路站　1號線

曙光路

斷橋殘雪
蔣經國舊居

慶春路

龍翔橋站

北山街

玉泉路　靈隱路

　　　　　北山街　岳王廟　　　　　　平湖秋月　　　　湖濱路

曲院風荷

靈隱路　　星巴克咖啡　　孤山路　　　　　　　　　　解放路

雙峰插雲

↙往靈隱寺、飛來峰　　　　　　　　　　　　　　　　往杭州火車站→

楊公堤　　　　　**西　湖**　　　勞動路　延安路

龍井路　　蘇堤春曉　　　　　　　　　南山路　西湖博物館

　　　　　　　　　　　　　　　　　柳浪聞鶯

　　　　三潭印月

楊公堤　　　　　　　　　　　　　　萬松嶺路

花港觀魚　　　　　　雷峰夕照

魏廬　　　　　　　南山路

牡丹亭　　　　南屏晚鐘

蘇東坡紀念館　　　　　吳山玉皇山路

絲綢博物館

平湖秋月

✉ 杭州西湖景區，白堤西段
🕐 24小時開放
　　西冷印社08:30～17:00
💲 免費
➡ 搭乘公交車西湖內環線、
　　西湖外環線、4路(假日)
　　、7W路、WE1314路、510
　　路，在新新飯店站下車
ℹ 整個白堤就算不停留都要
　　走上半小時，建議可以租
　　個腳踏車，會輕鬆些

平湖秋月
孤山景區景點多

其實，平湖秋月並沒有固定的景點位置，它指的是湖上欣賞秋夜月景的愜意，直到康熙38年，御書「平湖秋月」匾額後，才把三面環湖、背倚孤山的位置定下。看地圖會發現，白堤西端是一座大島，島上除了平湖秋月，還有中山公園、西冷印社值得一看。

中山公園其實是清行宮遺址，清代多位皇帝南巡西湖都住在此處，進去後會發現別有洞天，許多園林遺址的考古發掘都被保留下來了。而西冷印社則是清光緒30年成立的民間社團，以「保存金石，研究印學，兼及書畫」為宗旨，地位崇高有天下第一名社的美譽。遊客來此可以一路往後山探索，內有華嚴經塔、碑廊、小龍泓洞等30個景點。

幫主的貼心提醒
百年老店樓外樓

百年老店樓外樓也在這裡，號稱來到西湖必須吃到此處的「西湖醋魚」，有興趣可以一試。不過幫主覺得真的還好而已，價格也太高。

1.爬上西冷印社後山會發現別有洞天／2.西湖醋魚魚肉鮮嫩有蟹肉滋味／3.1924年建的華嚴經塔／4.康熙御筆平湖秋月／5.平湖秋月就差一輪明月了／6.清行宮遺址內的孤山字跡

曲院風荷、岳王廟
有杭州最美的星巴克

　　曲院風荷是西湖十景之一，顧名思義是賞荷的勝地，因此最佳賞玩時節是7～9月荷花季。不過就算沒有碰上荷花季節，這裡還是很

美，位在金沙澗出口是西湖最大的天然水源，南宋時有官家作坊在此取水釀酒，每逢夏季酒香荷香齊飄因而聞名。整個園區有2百多種不同的荷花品種，園內更有全杭州最美的星巴克唷！

　　曲院風荷的對面就是岳王廟，岳飛的故事我想大家都知道，此廟建於南宋嘉定14年（西元1221年），廟後方有岳墓，此地在文革期間遭受嚴重破壞，在1979年重新修繕。廟中除了展出文物與岳飛的事蹟之外，最出名的當屬跪在那裡的秦檜、王氏。還有一旁知名的對聯：「青山有幸埋忠骨，碧鐵無辜鑄佞臣」。

曲院風荷
- 北山街89號
- 24小時開放
- 免費
- 搭乘公交車西湖內環線、西湖外環線、318路、194路、27路、510路，在岳廟站下車

岳王廟
- 北山街80號
- 07:30～17:30
- ￥25
- 搭乘公交車西湖內環線、西湖外環線、318路、194路、27路、510路，在岳廟站下車
- 知名的「印象西湖」大型戶外實景演出場地也在岳廟對面

1.杭州最美星巴克果然名不虛傳／2.抗金名將岳飛／3.奸臣永遠都要在此為行為贖罪／4.曲院風荷景區內美景如畫

蘇堤春曉
- 📧 北山街89號
- 🕐 24小時開放
- 💲 免費
- ➡ 搭乘公交車西湖內環線、西湖外環線、4路、31路、87路、139路、WE1314路、510路,在蘇堤站下車

花港觀魚
- 📧 楊公堤8號
- 🕐 24小時開放
- 💲 免費
- ➡ 搭乘公交車西湖內環線、西湖外環線、318路、WE1314路,在浴鵠灣站下車

1.蘇東坡紀念館/2.蘇堤上大量漫步的遊客/3.花港觀魚內的魏廬很有江南園林風情/4.來到花港,就觀魚囉/5.蘇堤上遙望雷峰塔

蘇堤春曉、花港觀魚
縱穿西湖漫步騎車兩相宜

北宋詩人蘇軾(蘇東坡)任杭州知州時,疏濬西湖,將淤泥再利用建成此堤,後人為了感念他因此命名為蘇堤,全段中共有6座橋:映波橋、鎖瀾橋、望山橋、壓堤橋、東浦橋、跨虹橋,在每一段欣賞西湖的景致都會有不同的感動。在蘇堤的南端起點還有一個蘇東坡紀念館,可以一併參觀。

蘇堤春曉在南宋是西湖十景之首,這一段長堤有近3公里長,步行需要40分鐘。

蘇堤南段銜接的是另一個西湖十景:花港觀魚。這區是一個小半島,南宋時是內侍官盧允升的私家花園,康熙與乾隆皇帝都對此處情有獨鍾,各自留下了御筆詩句。園內多處飼養了美麗的錦鯉,配上美好的景致,是一幅精采的畫面。

雷峰夕照、南屏晚鐘
地標建築，可登塔遠眺西湖全景

這2個景點也都是西湖十景，且都在淨寺站，正好在馬路兩對面，所謂的南屏晚鐘並不是一景，而是鐘聲，這個聲響越夜越清晰，就是發自淨慈寺內的青銅大鐘，此寺廟相傳也是濟公修行的地方。

對面的雷峰塔就是白蛇傳中白娘子被法海鎮壓其下的地方，先說明：真正的雷峰塔已經倒塌了，現在看到的是2002年重建完成的。真正的雷峰塔建於北宋太平興國二年（西元977年），是內磚石外木構的形式，在明嘉靖年間，倭寇縱火燒塔，從此只剩下塔身的磚體。民初時，民間流傳雷峰塔磚可避邪、求子，因此屢屢被盜挖，最終在1924年整座雷峰塔轟然坍塌！

現在的新塔可以說是舊塔的保護罩，因為是在倒塌的原塔基地外圍環繞而建，遊客在底層可看到舊塔遺留下來的磚石遺跡，再一層層登高，遠眺西湖整片美景。

雷峰塔
- 南山路15號
- 淡季08:00～17:30 旺季08:00～20:30
- 雷峰塔景區¥40
- 搭乘公交車西湖內環線、西湖外環線、4路、31路、139路、WE1314路、315路，在淨寺站下車

淨慈禪寺
- 南山街56號
- 08:00～17:30
- ¥10
- 同雷峰塔

1.御筆南屏晚鐘，真想哼上一曲／2.登塔遠望西湖全景一覽無遺／3.原塔遺跡被新塔籠罩保護／4.現在的雷峰塔不是當年那個／5.俯瞰淨慈寺全貌，山林環繞

柳浪聞鶯

- ✉ 杭州市上城區河坊街、南山路口進入
- 🕐 24小時開放
- 💲 免費
- ➡ 搭乘公交車西湖內環線、西湖外環線、4路、12路、31路、42路、102路、510路、WE1314路，在清波門站下車

1.柳浪聞鶯由此進入／2.柳浪果然不同凡響／3.初春時的綠意絕對震撼你的雙眼

柳浪聞鶯
青到無法相信雙眼

南宋時，此處原是京城最大的御花園，古稱聚景園，不瞞大家說，西湖眾多景致中，我個人的最愛就是這裡！不過它也是得挑對時節來的，最美是在清明前後的初春時分，春天才剛來臨，所有的新意萌芽，那樣的「綠」絕對是你此生未見！

雖然只是一個大型公園，但那青綠垂柳與處處鳥鳴，這其中的美難以言喻。出了此處，沿著南山路往北走，路上也有許多特色的咖啡店、餐廳及藝廊，因是中國的美術重鎮，中國美術學院就坐落於此，所以此地文化氣息濃厚。

三潭印月
唯一需搭船才能到達的景點

西湖十景中唯一需要搭船才能到達的景點，因為是西湖中的一座島，名稱為小瀛洲島，在明萬曆年間堆土而成，此島呈現「田」字形，形成湖中有島，島中有湖的景致。

來此島，主要就是為了觀看島南湖內的3座石塔，當年蘇軾疏濬西湖後，為了觀察湖泥淤積的情況，因此立了3座瓶狀石塔。

在中秋夜時，會在3座塔的塔心點上蠟燭，石塔洞中發亮如同月亮，每座石塔有5個洞，3座就有15個，湖面倒影也有15個，再加上天上一輪明月與明月倒影，以及遊客心中的月亮，共計33個月亮！這是中秋節才能見到的美景！如果你手上有1元人民幣紙鈔，可以拿出來看看，背後印的圖案就是三潭印月的石塔美景，可見此景的代表性。

在西湖畔許多地方都有專門前往島上的遊船，價格¥55～70不等，上島後可以自由選擇回程時要搭船回到岸邊的哪一個景點，如花港、湖濱、中山、岳廟等。

幫主的貼心提醒

選擇碼頭遊湖賞景

由於有許多個碼頭可以搭船過去，所以你可以先逛逛西湖外圈的景點，視需求選擇上船點。

請注意：最後一班從島上回來的船是17:00啟航，不要錯過時間喔。

三潭印月
- ✉ 西湖中的島
- 🕐 08:00～17:00
- 💲 ¥55～70(含船票)
- ➡ 由湖畔各碼頭乘船前往

1.石碑／**2.**¥1元背後的圖案／**3.**在島上才能近距離欣賞3座石塔／**4.**島上的九獅石，是特色的太湖石

飛來峰

✉ 杭州市靈隱路法雲弄1號
🕐 07:00～18:00
💲 ¥45(不含靈隱寺門票)
➡ 搭乘公交車7W路、7路、278路、324路、505路、靈隱專線，在靈隱站下車

幫主的貼心提醒

門票不含靈隱寺，但包含後方有1,600年歷史的永福寺，此寺在山間，體力好的人不妨走走，比起靈隱寺，這裡可要清幽得多。

1.飛來峰上的石刻佛像 / 2.沿著飛來峰有美麗的小澗 / 3.這尊笑臉彌勒是飛來峰最知名的一尊佛像

幫主帶路，美景再加碼
飛來峰

要去靈隱寺要先購買靈隱景區的門票，進入景區首先會看到的就是「飛來峰」，相傳1,600年前印度僧人慧理來到杭州，見到此峰驚訝地說：「此乃天竺國靈鷲山之小嶺，不知何以飛來？」於是有了飛來峰之名，而民間流傳的濟公故事中也有這麼一段：濟公算知有山峰要飛來，恐壓死村民，急勸大家離開，人皆不信，濟公心急，衝進一戶新婚人家，搶了新娘就跑！村民一路追逐，此時轟隆巨響山峰飛降，正落在村中，民眾方知濟公是為了解救眾生才出此計策。

此峰是石灰岩結構，內有奇洞奇石，還有一處一線天景觀，山峰外部石面上遍布5代以來的各式佛像，多達340餘尊，深具文化與宗教歷史意義，飛來峰前有小澗流過，山峰則可以一路攀爬健身、享受森林浴，要注意的是，如遇雨天，石路濕滑，請務必注意安全。

幫主帶路，美景再加碼
靈隱寺

靈隱寺

⊠ 杭州市靈隱路法雲弄1號
🕐 07:00～18:00
💲 ￥30
➡ 搭乘公交車7W路、7路、278路、324路、505路、靈隱專線，在靈隱站下車

　　靈隱寺是杭州最古老的寺廟，歷史可以追溯到東晉咸和元年（西元326年），距今近1,700年，在歷史上歷經太多戰火與興衰，可以說是起起伏伏，在文革期間甚至差點被破四舊的紅衛兵砸了，而大家之所以對靈隱寺充滿好奇，主要還是因為相傳濟公活佛曾在此出家，於是靈隱寺便與濟公畫上了等號。

　　靈隱寺內有天王殿、大雄寶殿、藥師殿、法堂、華嚴殿、五百羅漢堂、濟公殿、華嚴閣、大悲樓、方丈樓等建物，單純從寺廟的角度來看，個人認為其實並沒有特殊的地方，比較推薦的是五百羅漢堂，內有五百羅漢像，造型各異、栩栩如生，很有看頭；此外，殿外的參天大樹也很有靈性，如果肚子餓了，不妨在這裡的十方苑吃碗素麵、素點心。

1.靈隱寺又名雲林寺／2.來此禮佛的民眾很多／3.濟公殿以壁畫的形式描述活佛的故事／4.吉祥麵，還滿豐富有料的唷

永福禪寺
- 杭州市西湖區靈隱路法雲弄16號
- (0571)8796-5671
- 參觀免費（包含在飛來風景區門票內）
- 搭乘公交車7W路、7路、278路、324路、505路、靈隱專線，在靈隱站下車

3

1.永福禪寺入山門處／2.相較於靈隱寺更顯清幽／3.廟宇在群山樹林間

永福禪寺
1千6百年的山林禪院

1

2

大部分的遊客都只知道靈隱寺，卻不知道其實在飛來峰景區的門票內，還包含飛來峰對面形勝山下的永福禪寺，由於隱身於山林之間禪寺就更顯得清淨，被喻為「錢塘第一福地」。

永福禪寺自東晉咸和元年西印度高僧慧理禪師開山至今已有1,600年歷史，包括了普圓淨院、迦陵講院、資岩慧院、古香禪院、福泉茶院等內容，其中大雄寶殿，內奉釋迦牟尼佛銅像重達19,000公斤，是中國少見的唐代風格造像。

禪寺依山勢而建，遊客需要爬些石階，然而兩側鬱鬱青青的古木綠意相伴，一點都不覺得累，可以說是既能健身看景又能禮佛的好地方呢！

外婆家餐廳
- 杭州市上城區延安路245號湖濱銀泰in77區F1
- (0571)8708-6617
- 地鐵1號線龍翔路站連通商城內

1.醬鴨糯米飯有糯米軟糯的口感／2.宋嫂魚羹是杭州的傳統名菜／3.西湖魚餅口感Q彈有嚼勁，類似甜不辣

外婆家餐廳
菜色零踩雷的杭幫菜餐廳

這是一間主打杭幫菜的餐廳，光在西湖畔就有至少6間店，更擴張全國超過200家門店！口味受到一致的肯定，關鍵是價格還不貴！由於客人眾多，通常要先取號排隊，當聽到「外婆喊你回家吃飯啦！」就輪到你入桌囉！

這間店幫主吃了10年，基本上各菜色零踩雷，不論你想吃海鮮或是小品，都能夠點到且滿足你的味蕾，在西湖周邊百貨逛街時，不妨就近找間外婆家用餐吧！

1

2

3

蘇州・杭州

住宿推薦
杭州西湖希爾頓嘉悅里酒店

推薦大家可以選擇希爾頓旗下最新品牌：Canopy by Hilton，為什麼會選擇這間酒店呢？最大的原因是它開幕不算久，一切都很新穎，加上位置距離西湖景區、地鐵站、商圈都不遠，價位更是高CP值！

所有的房間，床的部分都有Canopy天篷設計，睡起來有一種被包覆的安定感，同時床的尺寸也加大到150公分寬，躺起來特別寬裕舒適。偷偷告訴你，選擇高樓層房型還有機會看到西湖景色喔！此外，樓下的「花蜜里餐酒吧」有提供餐飲與酒吧服務，一切都很方便！

杭州西湖希爾頓嘉悅里酒店
☒ 杭州市上城區國貨路2號
☏ (0571)8707-8111
➡ 地鐵1號線定安路站步行約10分鐘

1.採光與空間感都相當優異 / 2.有浴缸的浴室就是舒服 / 3.樓下的花蜜里餐酒吧喝杯調酒也不賴
(以上照片提供／杭州西湖希爾頓嘉悅里酒店)

住宿推薦
杭州柏悅酒店

杭州柏悅位在錢塘江邊，有兩條地鐵交會，很方便從上海搭高鐵過來的遊客。在設計的靈感上是以清代紅頂商人「胡雪巖」的杭州故居為設計原型，融合現代設計工藝與古典美學，並以「大隱隱於市」的精神，將昔日江南宅院風，都巧妙安插在酒店的設計內，相當值得期待……

房間內的風格也是帶有中式的古典意境，非常舒適，完全可以體會到低調奢華的氣質！另外要提個一大特色就是：位在48樓的高空酒吧！不但有Live Band的演出，還有一個最招牌的！就是透明玻璃鏤空設計的地板，真的很需要膽量才敢站在這裡呢。

杭州柏悅酒店
☒ 杭州市錢江路1366號
☏ (0571)8696-1234
➡ 地鐵2、4號線錢江路站，步行3分鐘

1.48樓的「潮酒吧」有透明玻璃地板 / 2.窗外是錢塘江的景致 / 3.床頭獨特的櫻花剪影設計
(以上照片提供／杭州柏悅酒店)

緊急旅遊黃頁簿

在中國上網免翻牆

中國是一個網路管制的地方，因此，許多你在台灣慣用的APP到了中國統統不能用！如Facebook、Line、YouTube等等，甚至連Google Map、Gmail也不行，網站部分，只要是Blog、新聞類、政府單位統統都被屏蔽了所以連不上！針對短期遊客，幫主建議以下3種方式可免翻牆上網：

■**利用台灣門號漫遊**：台灣手機漫遊就不受上述管制，可以像在台灣一樣繼續快樂上網，是最方便的選項。

■**上網卡**：可購買上網卡，在抵達上海後，更換SIM卡上網，目前比較受歡迎的有：遠遊卡2.0、中港卡、大中華卡等，可在蝦皮賣場找到。

■**Wi-Fi機**：如果出國的人數多，不妨就租借Wi-Fi機，利用熱點分享，大家共用分攤費用。

▲ 輕薄的Wi-Fi機是不錯的選擇

幫主的貼心提醒

TAS Mobile Wi-Fi 獨家優惠

幫主獨家洽談到「TAS Mobile WiFi」提供10%的優惠，優惠代碼david10off，有需要可利用。

http tas-wifi.com

貼心 小提醒

申辦當地手機門號

一般遊客基本上用幫主推薦的3種方式即可上網，如果有特殊需求，如銀行開戶、長住、收內地短信等，就必須擁有一個當地的手機門號。申辦中國門號請準備台胞證，前往各電信營業廳申辦，但要注意的是如果沒有中國當地的住址很可能申請不下來。

旅遊諮詢服務中心

上海旅遊局在全上海設置了許多的「旅遊諮詢服務中心」，方便遊客利用，在中心內有許多免費的旅遊資訊與特色景點介紹的小冊子可以免費取用，也有專門的工作人員可以諮詢喔！

生病或發生意外怎麼辦

在海外發生意外或生病，只要就醫價格都會相當高昂，因此請務必在出發前就投保旅行平安險，以備不時之需。

如果在上海期間出現身體不適，又擔心當地醫療問題，可以選擇由台商經營的「聯新國際上海禾新醫院」就診，台式親切的服務與部分台籍醫師看診，還會協助返台申請健保的相關資料喔！

✉ 上海市徐匯區欽江路102號 / ☎ (021)6195-7860

救命小紙條 你可將下表影印，以中文填寫，並妥善保管隨身攜帶

緊急旅遊黃頁簿

個人緊急聯絡卡
Personal Emergency Contact Information

姓名 Name：   國籍 Nationality：

出生年分(西元) Year of Birth：   性別 Gender：   血型 Blood Type：

護照號碼 Passport No：

台灣地址 Home Add：(英文地址，填寫退稅單時需要)

緊急聯絡人 Emergency Contact (1)：   聯絡電話 Tel No.：

緊急聯絡人 Emergency Contact (2)：   聯絡電話 Tel No.：

信用卡號碼 Creadit Card No.：   海外掛失電話 Creadit Card Contact No.：

信用卡號碼 Creadit Card No.：   海外掛失電話 Creadit Card Contact No.：

旅行支票號碼 Traveler's Check No.：   海外掛失電話 Traveler's Check Contact No.：

航空公司國內聯絡電話 Airline Taiwan Contact No.：   海外聯絡電話 Airline Oversea Contact No.：

投宿旅館 Hotel (1)：   旅館電話 Tel No.：

投宿旅館 Hotel (2)：   旅館電話 Tel No.：

其他備註 Others：

報警 **110**
火警 **119**
救護車 **120**

海基會24小時緊急服務專線
+886-2-25339995

開始在上海自助旅行 2024～2025年 新第五版

作　　　者　葉志輝

總編輯　張芳玲
發想企劃　taiya旅遊研究室
編輯主任　張焙宜
企劃編輯　徐湘琪
主責編輯　邱律婷、鄧鈺澐
修訂編輯　鄧鈺澐
封面設計　許志忠
美術設計　許志忠

太雅出版社
TEL：(02)2368-7911　FAX：(02)2368-1531
E-mail：taiya@morningstar.com.tw
太雅網址：http://taiya.morningstar.com.tw
購書網址：http://www.morningstar.com.tw
讀者專線：(02)2367-2044、(02)2367-2047

出 版 者　太雅出版有限公司
　　　　　台北市106辛亥路一段30號9樓
　　　　　行政院新聞局局版台業字第五○○四號

讀者服務專線：(02)2367-2044 / (04)2359-5819#230
讀者傳真專線：(02)2363-5741 / (04)2359-5493
讀者專用信箱：service@morningstar.com.tw
網路書店：http://www.morningstar.com.tw
郵政劃撥：15060393(知己圖書股份有限公司)

法律顧問　陳思成律師

印　　刷　上好印刷股份有限公司　TEL：(04)2315-0280
裝　　訂　大和精緻製訂股份有限公司　TEL：(04)2311-0221

五版二刷　西元2024年07月01日
定　　價　350元

ISBN　978-986-336-375-0
Published by TAIYA Publishing Co.,Ltd.
Printed in Taiwan

國家圖書館出版品預行編目(CIP)資料

開始在上海自助旅行：附蘇州.杭州.迪
士尼／葉志輝作
　　——五版，——臺北市：太雅，2023.12
面；公分 . ——（So easy；92）
ISBN　978-986-336-375-0（平裝）
1.自助旅行　2.上海市
672.096　　　　　　　　　　　108022491

填線上回函

開始在上海自助旅行
2024～2025年 新第五版

bit.ly/2Vsxw2O